詳解 加算税
通達と実務

税理士 谷口 勝司
税理士 奥田 芳彦 [著]

清文社

はじめに

　加算税は、法人税や消費税のように納税者自身が課税標準や税額を計算して申告する税金と異なり、国税当局から賦課決定されるものなので、納税者には馴染みの薄い税金だと思います。しかしながら、税務調査、修正申告、更正といった場面では、「正当理由」、「更正予知」、「隠蔽（いんぺい）・仮装」など加算税の賦課要件を巡ってしばしば問題となっています。

　また、加算税制度は、税務コンプライアンスの一層の維持向上を図ることを目的として近年においても重要な改正が行われており、税務調査や行政指導などの税務行政とも深く結びついています。

　本書では、加算税制度の内容や趣旨のほか、法人税に係る加算税を中心として、できる限り丁寧に、加算税通達などを基にその実務上の取扱いを明らかにするとともに、近年の改正内容についても、できる限り詳しく解説しようと努めています。

　共著者の奥田芳彦氏と私とは、平成10年から平成14年の間、ともに国税庁法人課税課の審理担当として勤務した間柄です。私どもが在勤中の平成12年7月に、国税庁から加算税に関する通達が発遣されていますが、今回は、お互いに、加算税通達の立案担当であった当時の議論などを思い起こしながら、また、その後の改正等を確認しながらの執筆となりました。

　主に、奥田氏がⅠ～Ⅳを、Ⅴ及びⅥを谷口が分担しましたが、相互にその内容の確認、校正などを行っています。もとより私見にわたる部分が多いのですが、長年国税当局において実務に携わってきた経験等を踏まえ、お叱りも覚悟で思う所を書かせていただきました。この点はご了解いただければと思っています。

　本書が課税実務に携わる多くの皆さんにとって、少しでもご参考になれば幸いです。

　最後になりましたが、本書の刊行については、清文社の小泉定裕社長の激励とご支援があったからこそ実現したものです。編集部の皆様にも大変お世話になりました。改めて深く感謝申し上げます。

令和元年5月

税理士　谷口　勝司

目　次

I　加算税制度の概要　　1

1　加算税の種類 …………………………………………………… 1
2　加算税の確定手続等 …………………………………………… 3
3　加算税の法的性質と加算税通達 ……………………………… 3
　(1)　加算税の法的性質　3
　(2)　税目別に定められた事務運営指針（通達）　4
4　加算税賦課に対する争訟 ……………………………………… 6
　(1)　更正処分等と加算税の賦課決定処分との関係　6
　(2)　加算税の主張・立証責任　7
　(3)　過少申告加算税と無申告加算税との関係　8
　(4)　加算税賦課決定処分への理由附記　9
5　加算税の計算方法 ……………………………………………… 10
　(1)　加算税の課税標準と確定金額の端数計算等　10
　(2)　加算税の端数計算の特例　11
6　国外財産調書等の加重・軽減措置 …………………………… 14
　(1)　国外財産調書制度の概要　14
　(2)　自主的修正申告後に提出された国外財産調書の取扱い　16
　(3)　財産債務調書制度の概要　17

II　過少申告加算税　　18

1　制度の概要 ……………………………………………………… 18
　(1)　制度の趣旨等　18
　(2)　加算税の成立と確定及び賦課要件等　19

(3)　税額の計算　19
　(4)　還付請求申告書の場合　25
　(5)　法定申告期限内の訂正申告　27
　(6)　過少申告加算税が賦課されない場合　28
2　正当な理由　……………………………………………………………　30
　(1)　適用要件（趣旨等）　30
　(2)　事務運営指針において判断事例を定める意義　31
　(3)　具体的な事例　33
　　イ　法令解釈の明確化　33
　　ロ　税法の不知・誤解　40
　　ハ　かえり否認　42
　　ニ　法定申告期限後に生じた事情により青色申告の承認が取り消された場合　42
　　ホ　誤指導　44
　(4)　正当理由の主張・立証責任　48
3　更正の予知　……………………………………………………………　48
　(1)　適用要件（趣旨等）　48
　(2)　調査の意義　49
　(3)　更正の予知の時期　50
　(4)　実務における「更正の予知」　53
　　イ　法人税過少通達上の取扱い　53
　　ロ　更正の予知の例示　54
　　ハ　更正の予知がないとされるケース　56
　(5)　調査と行政指導　57
　　イ　税務執行における行政指導　57
　　ロ　調査と行政指導の区分　58
　　ハ　行政指導による事務　61
　(6)　書面添付制度における意見聴取との関係　62
　(7)　更正予知の主張・立証責任　63
4　調査通知後の5％賦課（平成28年度改正）　………………………　64

（4）

- (1) 改正の趣旨等　64
- (2) 実務上の取扱い　66

Ⅲ 無申告加算税　70

- 1 制度の概要 …………………………………………………… 70
  - (1) 賦課要件等　70
  - (2) 税額の計算　71
  - (3) 無申告加算税の減免措置　73
- 2 正当な理由 …………………………………………………… 74
  - (1) 期限内申告書の提出がなかったことについての正当な理由　75
  - (2) 期限後申告後に修正申告等があった場合の正当な理由　79
- 3 期限内申告書を提出する意思があったと認められる場合の不適用制度… 79
  - (1) 不適用制度の趣旨　79
  - (2) 不適用制度の要件　80
- 4 調査通知後の10％賦課（平成28年度改正） …………………… 82

Ⅳ 不納付加算税　83

- 1 制度の概要 …………………………………………………… 83
  - (1) 賦課要件等　83
  - (2) 不納付加算税の計算　85
  - (3) 不納付加算税の減免措置　86
- 2 正当な理由 …………………………………………………… 88
  - (1) 法令解釈の明確化　89
  - (2) 給与所得者の提出書類に基づいてした控除が過大となった場合　91
  - (3) 金融機関の事務処理誤り等による不納付　92
  - (4) 災害、交通・通信の途絶等による不納付　92

3　法定納期限内に納付する意思があったと認められる場合の不適用制度 ……93

V　重加算税　95

1　制度の概要等 …………………………………………………………… 95
　(1)　賦課要件等　97
　　イ　二つの賦課要件　97
　　ロ　別異説と共通説　98
　(2)　重加算税の趣旨等　99
　(3)　刑事罰（脱税）との関係　100
2　隠蔽・仮装 …………………………………………………………… 101
　(1)　重加算税に関する国税庁通達　102
　(2)　法人税重加通達における隠蔽・仮装　103
　　イ　二重帳簿の作成　105
　　ロ　帳簿書類の隠匿、虚偽記載等　105
　　ハ　損金算入・税額控除の証明書等の改ざん等　108
　　ニ　簿外資産の果実　109
　　ホ　簿外資金から支出した役員賞与等　110
　　ヘ　同非区分の判定　110
　　ト　使途不明金・使途秘匿金　111
　　チ　帳簿書類の隠匿、虚偽記載等に該当しない場合　－期ズレ－　114
　　リ　帳簿書類の隠匿、虚偽記載等に該当しない場合　－他科目交際費等－　117
　　ヌ　小括　118
　(3)　連結法人税、消費税、源泉所得税等の隠蔽・仮装　119
　　イ　連結法人税・地方法人税　119
　　ロ　消費税及び地方消費税　119
　　ハ　源泉所得税　120
　(4)　青色申告の承認取消事由の隠蔽・仮装　122
　(5)　隠蔽・仮装を巡る主な論点　123

イ　故意の要否　123
　　　ロ　隠蔽・仮装の行為の主体（行為者）　127
　　　ハ　隠蔽・仮装の時期（虚偽答弁、申告期限後の行為等）　133
　　　ニ　ことさら過少、つまみ申告等　136
　　　ホ　「偽りその他不正の行為」との関係　141
　3　重加対象税額等の計算、課税年度等 ………………………………… 145
　(1)　重加対象税額の基本的な計算　145
　(2)　重加対象税額と過少対象税額の区分計算等　147
　　　イ　上積み計算　147
　　　ロ　過少申告加算税の二段階制との関係　151
　　　ハ　重加算税額の端数計算・切捨て計算　151
　(3)　重加対象所得の計算　152
　　　イ　重加対象所得の減算項目　152
　　　ロ　交際費等又は寄附金の損金不算入額　155
　　　ハ　欠損金額の過大控除額　156
　　　ニ　消費税（税抜経理）における雑益、控除対象外消費税額等　157
　　　ホ　事業年度をまたがる不正事実　158
　(4)　欠損金額の繰越しに係る重加算税の課税年度　159
　(5)　不正に繰戻し還付を受けた場合の重加対象税額の計算　161
　(6)　消費税における重加対象税額等の計算　162
　　　イ　課税売上割合の変動等に伴う増減額　163
　　　ロ　基準期間の課税売上高の増加により課税事業者になった場合等　163
　(7)　源泉所得税における重加対象税額等の調整計算等　164
　　　イ　不正事実に基づく認定賞与等がある場合の調整計算　164
　　　ロ　不正事実に係るものとその他のものがある場合の区分計算　167

VI　前5年以内の繰返し加重措置　168

　1　繰返し加重措置の概要等 ……………………………………………… 168

(1) 趣旨及び概要 168
(2) 適用時期 170
2 適用に当たっての留意事項 …………………………………………… 170
(1) 繰返し加重措置の対象となり得る加算税（今回賦課分） 170
(2) 前5年以内に賦課された加算税（前回賦課分） 171
(3) 前5年以内の判定 173
(4) 同一の税目に属する国税 175
(5) 連結納税、分割又は合併における判定 176
　イ　連結納税 177
　ロ　分割 179
　ハ　合併 180

巻末資料　　　　　　　　　　　　　　　　　　　　　　　　183

・国税通則法（第65条～第68条） ……………………………………… 183
・国税通則法施行令（第27条～第28条） ……………………………… 190
・法人税の重加算税の取扱いについて（事務運営指針） …………… 194
・法人税の過少申告加算税及び無申告加算税の取扱いについて（事務運営指針） …………………………………………………………… 199
・連結法人税の重加算税の取扱いについて（事務運営指針） ……… 204
・連結法人税の過少申告加算税及び無申告加算税の取扱いについて（事務運営指針） ………………………………………………………… 209

・参考文献等一覧 ………………………………………………………… 214

【凡例】

通則法 ● 国税通則法
通則令 ● 国税通則法施行令
通則規 ● 国税通則法施行規則
国送法 ● 内国税の適正な課税の確保を図るための国外送金等に係る調書の提出等に関する法律
所法 ● 所得税法
所基通 ● 所得税基本通達
法法 ● 法人税法
法令 ● 法人税法施行令
法規 ● 法人税法施行規則
法基通 ● 法人税基本通達
消法 ● 消費税法
措置法 ● 租税特別措置法
地法附 ● 地方税法附則
地令附 ● 地方税法施行令附則
震災復興財源確保法 ● 東日本大震災の復興財源の確保に関する特別措置法
復興特別所得税令 ● 復興特別所得税に関する政令
平28改正法附則 ● 所得税法等の一部を改正する法律（平成28年法律第15号）附則
所得税過少通達 ● 申告所得税及び復興特別所得税の過少申告加算税及び無申告加算税の取扱いについて（事務運営指針）（平成12年7月3日課所4－16ほか。最終改正平成28年12月12日）
所得税重加通達 ● 申告所得税及び復興特別所得税の重加算税の取扱いについて（事務運営指針）（平成12年7月3日課所4－15ほか。最終改正平成28年12月12日）
源泉不納付通達 ● 源泉所得税の不納付加算税の取扱いについて（事務運営指針）（平成12年7月3日課法7－9ほか。最終改正平成29年11月28日）
源泉重加通達 ● 源泉所得税の重加算税の取扱いについて（事務運営指針）（平成12年7月3日課法7－8ほか。最終改正平成29年11月28日）
相続税過少通達 ● 相続税、贈与税の過少申告加算税及び無申告加算税の取扱いについて（事務運営指針）（平成12年7月3日課資2－264ほか。最終改正平成28年12月12日）
相続税重加通達 ● 相続税及び贈与税の重加算税の取扱いについて（事務運営指針）（平成12年7月3日課資2－263ほか。最終改正平成28年12月12日）
法人税過少通達 ● 法人税の過少申告加算税及び無申告加算税の取扱いについて（事務運営指針）（平成12年7月3日課法2－9ほか。最終改正平成28年12月12日）
法人税重加通達 ● 法人税の重加算税の取扱いについて（事務運営指針）（平成12年7月3日課法2－8ほか。最終改正平成28年12月12日）

連結過少通達 ● 連結法人税の過少申告加算税及び無申告加算税の取扱いについて（事務運営指針）（平成16年３月26日課法２－７ほか。最終改正平成28年12月12日）

連結重加通達 ● 連結法人税の重加算税の取扱いについて（事務運営指針）（平成16年３月26日課法２－６ほか。最終改正平成28年12月12日）

地方法人税加算税通達 ● 地方法人税に係る加算税の取扱いについて（事務運営指針）（平成27年２月13日課法２－１ほか。最終改正平成28年12月12日）

消費税加算税通達 ● 消費税及び地方消費税の更正等及び加算税の取扱いについて（事務運営指針）（平成12年７月３日課消２－17ほか。最終改正平成28年12月12日）

調査運営通達 ● 調査手続の実施に当たっての基本的な考え方等について（事務運営指針）（平成24年９月12日付　課総５－11ほか）

調査解釈通達 ● 国税通則法第７章の２（国税の調査）関係通達の制定について（法令解釈通達）（平成24年９月12日付課総５－９ほか）

（注）　本書の内容は、平成31年４月１日現在の法令等によります

Ⅰ 加算税制度の概要

1 加算税の種類

　申告納税方式による国税は、原則として、納税者のする申告により確定し、他方、源泉徴収による国税は、源泉徴収義務者が納税義務者の納税額を徴収して国に納付することとなる。

　このような申告納税方式及び徴収納付制度の定着と発展を図るため、納税者が適正な申告や納付義務を怠った場合に、これに対する行政上の措置として国が賦課徴収する附帯税を総称して「加算税」という。

　上記の附帯税とは、国税の一種であり、各税法に基づき課される本来の国税、すなわち本税に付加して負担させる税のことをいい、延滞税、利子税及び各種加算税がこれに該当する（通則法2四）。

　加算税は、過少申告加算税、無申告加算税、不納付加算税及び重加算税の四つからなる。

　各種加算税の概要は次のとおりである（財務省ホームページ「納税環境整備に関する基本的な資料」より）。

　なお、下記の表の右欄にある「不適用・軽減割合」に記載された「5％」という割合は、各要件に該当する場合に適用される割合をいう。

Ⅰ 加算税制度の概要

■ 加算税の概要

名称	課税要件	課税割合（増差本税に対する）	不適用・割合の軽減 要件	不適用・軽減割合
過少申告加算税（注3）	期限内申告について、修正申告・更正があった場合	10% ［期限内申告税額と50万円のいずれか多い金額を超える部分（※）］ 15%	・正当な理由がある場合 ・更正を予知しない修正申告の場合（注2）	不適用
無申告加算税（注3）	①期限後申告・決定があった場合 ②期限後申告・決定について、修正申告・更正があった場合	15%（注1） ［50万円超の部分］ 20%（注1）	・正当な理由がある場合 ・法定申告期限から1月以内にされた一定の期限後申告の場合	不適用
			更正・決定を予知しない修正申告・期限後申告の場合（注2）	5%
不納付加算税	源泉徴収等による国税について、法定納期限後に納付・納税の告知があった場合（注4）	10%	・正当な理由がある場合 ・法定納期限から1月以内にされた一定の期限後の納付の場合	不適用
			納税の告知を予知しない法定納期限後の納付の場合	5%
重加算税	仮装・隠蔽があった場合	［過少申告加算税・不納付加算税に代えて］35%（注1） ［無申告加算税に代えて］40%（注1）	（※の例） 申告納税額 250万円 修正申告により納付すべき税額 　50万円　　15% 　100万円　　10% 期限内申告 100万円	

(注1) 過去5年内に、無申告加算税（更正・決定予知によるものに限る。）又は重加算税を課されたことがあるときは、10%加算

(注2) 調査通知以後、更正・決定予知前にされた修正申告に基づく過少申告加算税の割合は5%（※部分は10%）、期限後申告等に基づく無申告加算税の割合は10%（50万円超の部分は15%）

(注3) 財産債務調書・国外財産調書に記載がある部分については、過少（無）申告加算税を5%軽減（所得税・相続税）、これらの調書の不提出・記載不備に係る部分については5%加重（所得税）

(注4) 「源泉徴収等による国税」とは、源泉徴収に係る所得税及び特別徴収に係る国際観光旅客税のことをいう（通則法2二）

2　加算税の確定手続等

　加算税のうち、過少申告加算税、無申告加算税及びこれらに代わる重加算税の納税義務は、その計算の基礎となる国税の法定申告期限の経過の時に成立し（通則法15②十四）、不納付加算税及びそれに代わる重加算税の納税義務は、その計算の基礎となる国税の法定納期限の経過の時に成立する（通則法15②十五）。

　例えば、法人税の申告納税義務がある者が法定申告期限までに申告しない場合は、原則として無申告加算税の納付義務が発生する。また、法定申告期限までに申告しても過少申告の場合は、原則として過少部分の税額に係る過少申告加算税の納付義務が発生する。

　実際の加算税の納付義務は、賦課決定によって確定し（通則法32）、賦課決定通知書又は納税告知書が発せられた日の翌日から起算して1月を経過する日までに納付しなければならない（通則法35③、36②、通則令8①）。

　また、加算税の消滅時効は、その計算の基礎となる国税（本税）とは別個に進行し、本税の法定納税期限の翌日から進行を開始する（通則法2八ニ、72①）。ただし、賦課決定（通則法32①三）又は納税の告知（通則法36①一）によって中断し、納期限の経過とともに再び進行を開始する（通則法73①二、三）。

3　加算税の法的性質と加算税通達

(1)　加算税の法的性質

　加算税は、行政上の措置として国が賦課徴収する税である。換言すれば、加算税は、申告納税制度及び徴収納税制度の下で、適正な申告及び徴収をしない者に対し、一定の制裁を加えて、申告納税制度の秩序の維持を図ることを目的として課されるものである。

　各加算税の趣旨については、それぞれの加算税の項において詳しく述べることとする。

Ⅰ　加算税制度の概要

(2)　税目別に定められた事務運営指針（通達）

　平成10年に制定された中央省庁等改革基本法では、同法第20条《財務省の編成方針》第5号において、「徴税における中立性及び公正性の確保を図るため、税制の簡素化を進め、通達への依存を縮減するとともに、必要な通達は国民に分かりやすい形で公表すること」といった方針が示された。

　この方針を受けて、国税庁は、従来、加算税の取扱いについて内部的に定めていたものを見直し、平成12年に、各税目の事務運営を踏まえた形の事務運営指針として発遣し、これを広く公表した。

　現在、公表されている通達は次のとおりである。いずれの通達も、国税庁ホームページ等に掲載されており、誰でも見ることができる。

イ　申告所得税及び復興特別所得税の過少申告加算税及び無申告加算税の取扱いについて（事務運営指針）（平成12年7月3日課所4－16ほか。最終改正平成28年12月12日）（➡所得税過少通達）

ロ　申告所得税及び復興特別所得税の重加算税の取扱いについて（事務運営指針）（平成12年7月3日課所4－15ほか。最終改正平成28年12月12日）（➡所得税重加通達）

ハ　源泉所得税及び復興特別所得税の不納付加算税の取扱いについて（事務運営指針）（平成12年7月3日課法7－9ほか。最終改正平成29年11月28日）（➡源泉不納付通達）

ニ　源泉所得税及び復興特別所得税の重加算税の取扱いについて（事務運営指針）（平成12年7月3日課法7－8ほか。最終改正平成29年11月28日）（➡源泉重加通達）

ホ　相続税、贈与税の過少申告加算税及び無申告加算税の取扱いについて（事務運営指針）（平成12年7月3日課資2－264ほか。最終改正平成28年12月12日）（➡相続税過少通達）

ヘ　相続税及び贈与税の重加算税の取扱いについて（事務運営指針）（平成12年7月3日課資2－263ほか。最終改正平成28年12月12日）（➡相続税重加通達）

ト　法人税の過少申告加算税及び無申告加算税の取扱いについて（事務運営指針）（平成12年7月3日課法2－9ほか。最終改正平成28年12月12日）（➡法

人税過少通達）

チ　法人税の重加算税の取扱いについて（事務運営指針）(平成12年7月3日課法2－8ほか。最終改正平成28年12月12日)（➡**法人税重加通達**）

リ　連結法人税の過少申告加算税及び無申告加算税の取扱いについて（事務運営指針）(平成16年3月26日課法2－7ほか。最終改正平成28年12月12日)（➡**連結過少通達**）

ヌ　連結法人税の重加算税の取扱いについて（事務運営指針）(平成16年3月26日課法2－6ほか。最終改正平成28年12月12日)（➡**連結重加通達**）

ル　復興特別法人税に係る加算税の取扱いについて（事務運営指針）(平成24年6月25日課法2－9ほか。最終改正平成28年12月12日)

ヲ　地方法人税に係る加算税の取扱いについて（事務運営指針）(平成27年2月13日課法2－1ほか。最終改正平成29年7月4日)（➡**地方法人税加算税通達**）

ワ　消費税及び地方消費税の更正等及び加算税の取扱いについて（事務運営指針）(平成12年7月3日課消2－17ほか。最終改正平成28年12月12日)（➡**消費税加算税通達**）

　上記のとおり加算税に係る通達は、税目ごとに発遣されており、それまでの国税当局内部における加算税の取扱いや裁判例の検討等を踏まえ、これを取りまとめる形となっている。また、その後も、連結法人税や復興特別法人税等の創設に伴って追加的に、又は、法令改正等を踏まえ改正の形式で発遣されてきている。

　加算税は国税通則法という共通の根拠法に基づくものにもかかわらず、税目ごとに発遣されていることや、法令解釈通達ではなく事務運営指針という通達形式であることについて、これを疑問視する意見もある。

　もっとも、これら税目ごとに発遣されている通達は、細部では表現ぶりの異なるところはあるが、根幹ともいうべき部分はその内容や考え方が異なるものではない（いずれの通達も通則法の加算税規定の法令解釈が前提となっていることは当然である。）。ただ、税目によって、課税要件事実とされる具体的事実、納税者の態様、記帳状況、税理士関与の有無等の状況は自ずと異なる部分があり、また、調査手法を含めた調査事務の特殊性等もあることから、通達はこれ

らを考慮した内容とされている。また、こうした事情から、税目ごとの事務運営指針として発遣されたものと考えられる。

加えて、法令解釈通達か、事務運営指針かの違いは、国税庁における文書管理上のものともいえる。いずれも通達（国家行政組織法第14条第2項に基づく下部機関・職員に対する職務上の命令）である以上、国税職員はこれに拘束されることになるし、納税者にとっても国税当局の実務における加算税の取扱いを知ることのできる貴重なものといえよう。

4 加算税賦課に対する争訟

国税当局は、加算税の賦課要件を満たすと判断した場合には、加算税の賦課決定処分を行う。納税者はこの加算税賦課を不服とするときは、行政庁への不服申立て（処分をした国税当局に対する再調査の請求又は国税不服審判所に対する審査請求）を行い、その結果にも納得いかない場合は裁判所に訴訟を提起することとなる。

ここでは、加算税に対する争訟における留意点について触れておきたい。

(1) 更正処分等と加算税の賦課決定処分との関係

前述のとおり、加算税の納付義務は、賦課決定により確定するところ、この賦課決定処分は、本税を課す更正処分等に附帯して課される処分である。

しかし、この賦課決定処分は、更正処分等そのものではなく更正処分等とは別個の処分であるため、更正処分等の取消事由がないときや更正処分等につき取消しを求める訴えの利益がないときでも加算税だけの取消しを求めて争うことができる（札幌高裁平成6年1月27日判決参照）。

この場合、国税に関する法律に基づく処分については不服申立前置主義が採用されているため、加算税の賦課決定処分に不服がある場合には、その処分に対する再調査の請求又は審査請求を行うこととなる。

このため、納税者が本税に係る更正処分等だけの取消しを求めて審査請求をして、その審査請求後に訴訟を提起する際に、併せて加算税の賦課処分についても取消訴訟を提起するような場合には、本税に係る更正処分等とは別個に加

算税の賦課処分についての審査請求を経ることを要するか、つまり不服申立前置が必要かどうかといったことが問題となる。

(注) 一般の行政事件の訴訟提起は、不服申立前置主義を採用しておらず、行政庁に対する不服申立を経由して訴えを提起するか、経由しないで直ちに訴えを提起するかについて、原告の自由な選択に委ねている。しかし、国税に関する法律に基づく処分で不服申立てができるものについては、原則として、審査請求という不服申立てを経由し、審査請求についての裁決を経た後でなければ訴えを提起することができない(通則法115①本文。ただし、審査請求をした日の翌日から3月を経過しても裁決がない場合など一定の場合には裁決を経る必要がない(通則法115①ただし書)。)。このため上記のような問題が生じる。

この点、①不服申立前置が要求される趣旨は、行政処分に対する司法審査の前に、行政庁側に当該処分の当否を見直す機会を与え、紛争の自主的解決を期待するところにあり、この面からみると、本税の更正処分等と加算税賦課処分とは、いずれも納税義務及び税額を確定する課税処分として同一の目的を有し、加算税は本税の税額に連動し、本税が有効に確定していることを成立根拠とするもの、つまり附帯的なものであるから、不服審査の内容もほぼ同一内容に帰し、両者は極めて密接な関連性を有するものと考えられること、②不服申立前置は、「正当な理由」がある場合には不服申立てを経る必要がないとされており（通則法115①三）、それ自体が絶対的要請ではないことから、通常は、加算税の基礎となる更正処分や源泉所得税の告知処分について適法に不服申立てがされている場合には、本税の税額に連動する加算税の賦課決定処分の取消しも訴えを提起することができるものと考えられる（東京地裁昭和50年1月31日判決、東京地裁昭和33年7月3日判決参照）。

(2) 加算税の主張・立証責任

一般に、課税訴訟においては、主張・立証責任は国税当局側にあると解されている。更正処分を例にとると、所得金額・税額の基礎となった収入、経費等の要件事実について国税当局側が立証できなければ、更正処分は取り消されることになる。加算税の賦課決定処分も同様である。

(注) 民事訴訟においては弁論主義（判決の基礎となる事実の収集は当事者の権能かつ責任であるとする主義）が採用されている。弁論主義の下では、当事者の主張しない事実を判

決の資料として採用しないこととされているので、ある主要事実が当事者の弁論に現れない場合は、その事実を要件とする法律効果が承認されないという結果が生じる。このような不利益を、その事実についての「主張責任」という。これに対し、訴訟において裁判所がある事実の存否につき、そのいずれとも確定できない場合に、その結果として、判決において、その事実を要件とする自己に有利な法律効果の発生又は不発生が認められないことになる当事者の一方の危険又は不利益を「立証責任」という。一般的な課税処分取消訴訟においては、租税法律関係の特殊性（租税法は基本的に侵害規範であり、国民に義務を課するもの）、課税訴訟の構造、個々の税法規定の立法趣旨、当事者間の公平、事案の性質、立証の難易等を考慮して、課税要件については、原則として国税当局側が主張・立証責任を負うと解されている。加算税の取消訴訟における主張・立証責任も、原則として被告である国税当局側が負うこととなる。

ただし、通則法第65条第4項第1号の「正当理由」については、当該規定が同条第1項の例外規定であること及び同条の立法趣旨に照らして原告である納税者側に主張・立証責任があると解されている（最高裁平成11年6月10日第一小法廷判決参照）。また、同条第5項の「更正予知」及び通則法第66条第1項の「正当理由」についても、同様に、納税者側に主張・立証責任があると解されている（東京地裁昭和56年7月16日判決、神戸地裁平成5年3月29日判決参照）。

(3) 過少申告加算税と無申告加算税との関係

実務的には、あまり問題になることではないが、加算税の法的性質を理解する上で参考となるので、過少申告加算税と無申告加算税の関係について、述べておきたい。

各種加算税は、上記3「加算税の法的性質と加算税通達」の(1)で述べたとおり、行政上の措置としての性質は共通しているが、それぞれ課税要件は異なる。例えば、過少申告加算税は、原則として過少の期限内申告につき修正申告あるいは更正がされたときに賦課され、一方、無申告加算税は、期限後申告あるいは決定がされたとき及びこれらにつき修正申告あるいは更正がされたときに賦課される。

そうすると、無申告加算税を賦課すべきところを誤って過少申告加算税を賦

課したような場合、極端な例では、法人税の確定申告書が提出されていないにもかかわらず、過少申告加算税を賦課したような場合には、上記の賦課要件を欠くことになり、当該過少申告加算税の賦課決定処分は無効かということが問題となる。

このような問題について、最高裁昭和39年2月18日第三小法廷判決は、「過少申告といい無申告といい、ともに申告義務違背であることに相違はなく、両者に対する加算税は、その本質においてかわりないものと解すべきである。……本件の場合、過少申告加算税を課したのは違法ではあるが、処分の瑕疵が重大であるかどうかは、処分の相手方の受ける不利益の程度も考慮に入れて判断すべく、本来、無申告加算税を課すべき場合に、過少申告加算税を課したからといって、その瑕疵が重大なものということはできない」として過少申告加算税賦課決定処分を無効とすべき理由はないと判示している。

過少申告加算税と重加算税の関係についても、同様の趣旨の判断がある（Ⅴ「重加算税」の1(1)ロ「別異説と共通説」参照）。

(4) 加算税賦課決定処分への理由附記

平成23年12月の税制改正において、処分の適正化と納税者の予見可能性の確保の観点から、国税に関する法律に基づく申請により求められた許認可等を拒否する処分又は不利益処分について、行政手続法第8条又は第14条の規定に基づき、理由の提示を行うこととされた。

この改正に伴い、平成25年1月1日以後に行われる加算税の賦課決定処分から、賦課決定通知書に理由が附記されることとなった。

一般に、行政手続法第14条第1項が不利益処分をする場合に同時にその理由を名宛人に示さなければならないとしているのは、名宛人に直接に義務を課し又はその権利を制限するという不利益処分の性質に鑑み、行政庁の判断の慎重と合理性を担保してその恣意を抑制するとともに、処分の理由を名宛人に知らせて不服の申立てに便宜を与える趣旨に出たものと解されている（最高裁平成23年6月7日第三小法廷判決、最高裁昭和38年5月31日第二小法廷判決参照）。

つまり、理由附記の趣旨は、①行政庁の恣意抑制及び②不服申立ての便宜にあると考えられる。

また、どの程度の理由を提示すべきかについては、当該処分の根拠法令の規定内容、当該処分に係る処分基準の存否及び内容並びに公表の有無、当該処分の性質及び内容、当該処分の原因となる事実関係の内容等を総合考慮してこれを決定すべきといわれている（最高裁平成23年6月7日第三小法廷判決参照）。

加算税の賦課決定処分の理由附記についても、今後訴訟の争点となってくるであろうが、その判断の基準は、行政庁の恣意抑制及び不服申立ての便宜という理由附記の趣旨目的を充足する程度に処分の理由を附記する必要があるものと考えられる。

例えば、過少申告加算税を賦課する場合には、要件事実となる、①納税申告書が法定申告期限内に提出されていること、②その納税申告書に係る更正又は修正申告において、納付すべき税額があること、③正当理由となる事実がないことについて、具体的事実を記載することになろう。

また、過少申告加算税に代えて賦課される重加算税については、これに加えて、納税者が国税の課税標準等又は税額等の計算の基礎となるべき事実を隠蔽又は仮装し、その隠蔽又は仮装したところに基づき過少申告していたという客観的事実を、行政庁の恣意抑制と不服申立ての便宜という理由附記制度の趣旨目的を充足する程度に明確に示す必要があると考えられる。

5　加算税の計算方法

(1)　加算税の課税標準と確定金額の端数計算等

加算税は、国税当局の賦課決定処分により確定するので、通常納税者側が計算することはない。しかし、行政訴訟を提起する場合には、賦課決定処分された加算税の金額のうち、いくらの取消しを求めるかを計算する必要があるので、基本的な計算方法を理解しておく必要がある。

ここでは、各加算税の計算方法の共通事項について説明しておきたい。

加算税の額は、修正申告若しくは期限後申告又は更正若しくは決定に基づき新たに納付すべき税額を計算の基礎として、これに対し、上記1「加算税の種類」の表の各加算税の「課税割合」を乗じて計算される。

加算税を計算する場合には、その計算の基礎となる本税額が1万円未満であ

るときは、その全額を切り捨て、1万円を超え、1万円未満の端数があるときは、その端数金額を切り捨てて計算する（通則法118③）。ここでいう本税額とは、例えば、修正申告又は更正に係る加算税を計算する場合には、原則としてその追加本税額をいう。

また、加算税の確定金額に百円未満の端数があるとき、又はその全額が5千円未満であるときは、その端数金額又は全額を切り捨てる（通則法119④）。

なお、修正申告又は更正による本税額が重加算税の計算の基礎なる本税額と過少申告加算税の計算の基礎となる本税額に区分される場合において、上記の加算税の確定金額の端数計算によって重加算税の計算の基礎となる本税額に重加算税が課されないときは、その重加算税の計算の基礎となった本税額は、改めて過少申告加算税の計算の基礎となる本税額に加算することはしない。

この点について、法人税過少通達では、次のように定めている。

> **第3　過少申告加算税等の計算**
> （重加算税について少額不徴収に該当する場合の過少対象所得金額の計算）
> 5　通則法第119条第4項の規定により重加算税を課さない場合には、その課さない部分に対応する所得金額は、過少対象所得に含まれないのであるから留意する。

(2)　**加算税の端数計算の特例**

加算税の計算において注意すべき点の一つとして、複数の税目に係る加算税を計算する際の端数計算の問題がある。すなわち、本税額は、原則として税目ごとにその基礎税額について端数計算を行うのであるが、次のとおり、密接に関連する税目については合計額で行う場合がある。

イ　消費税と地方消費税

消費税加算税通達において、消費税と地方消費税の端数計算について、次のとおり定めている。

> **第1　消費税及び地方消費税の更正等の取扱い**
> （地方消費税の納付額等の端数計算）
> 3　地方消費税の確定金額に100円未満の端数があるとき若しくはその全額が100円未満であるとき又は還付金の額に1円未満の端数があるとき若しくはその全額が1円未満であるときは、消費税の例により、通則法第119条《国税の確定

I 加算税制度の概要

金額の端数計算等》又は第120条《還付金額等の端数計算等》の規定に基づきその端数を処理するのであるから留意する。

第2 消費税及び地方消費税の加算税の取扱い
I 共通
（消費税及び地方消費税に係る加算税の具体的な計算）
2 消費税及び地方消費税に係る加算税の額は、地方税法附則第9条の9第1項《譲渡割に係る延滞税等の計算の特例》の規定により、更正等による納付すべき消費税額及び地方消費税額の合算額を基礎として計算することとなる。また、算出された加算税の額をその計算の基礎となった消費税の額及び地方消費税の額であん分した額に相当する金額がそれぞれ消費税又は地方消費税に係る加算税の額となる。

なお、加算税の端数計算については、地方税法附則第9条の9第3項の規定により、消費税と地方消費税を一の税とみなして行うことになるから、加算税の計算の基礎となる税額及び加算税の確定金額は、当該合算額及び当該合算額を基礎として計算したあん分前の額について通則法第118条第3項及び第119条第4項を適用した後の金額となる。

上記のとおり、消費税と地方消費税の加算税の計算を行う際の本税額は、それぞれ別に端数計算を行うこととなる（消費税加算税通達第1の3）。具体的には、地方消費税の確定金額に百円未満の端数があるとき、又はその全額が百円未満であるときは、その端数金額を切り捨てる。

一方、地方消費税の加算税自体は、消費税と合算して計算することとされている。つまり、消費税と地方消費税を一の税とみなして端数処理を行うこととなるから、消費税の本税額と地方消費税の本税額を合算して、その合算額が1万円未満であれば、その全額を切り捨て、1万円を超え、1万円未満の端数があるときは、その端数金額を切り捨てる（通則法118③）。

そして、その合算額を基礎として計算した加算税の確定金額に百円未満の端数があるとき、又はその全額が5千円未満であるときは、その端数金額又は全額を切り捨てる（通則法119④）。

こうして計算した加算税の確定金額をそれぞれ消費税の本税額又は地方消費税の本税額であん分した金額（50銭以上切上げ、50銭未満切捨て）が、それぞ

5　加算税の計算方法

れの加算税額となる（地法附9の9、地令附6の6①）。

計算例　消費税等の税率10%とする。

① **当初申告（課税売上高　122,220,486円（税抜）、課税仕入高　84,550,000円）**

消費税額＝122,220,000円（千円未満切捨て）×7.8％＝9,533,160円

仕入税額控除額＝84,550,000円×$\dfrac{7.8}{110}$＝5,995,364円（切上げ）

9,533,160円－5,995,364円＝3,537,796円　⇒3,537,700円（百円未満切捨て）

地方消費税額＝3,537,700円×$\dfrac{22}{78}$＝997,812円　⇒997,800円（百円未満切捨て）

② **申告漏れの課税売上げ脱漏額　1,255,000円**

（122,220,486円＋1,255,000円）（カッコ内千円未満切捨て）×7.8％＝9,631,050円

9,631,050円－5,995,364円＝3,635,686円　⇒3,635,600円（百円未満切捨て）

地方消費税額＝3,635,600円×$\dfrac{22}{78}$＝1,025,425円

⇒1,025,400円（百円未満切捨て）

③ **追加本税額**

消費税額＝3,635,600円－3,537,700円＝97,900円

地方消費税額＝1,025,400円－997,800円＝27,600円

④ **加算税額（追加本税額はすべて重加対象税額であるとすると）**

97,900円＋27,600円＝125,500円

⇒端数計算して120,000円×35％＝42,000円

消費税に係る重加算税は、42,000円×$\dfrac{97,900円}{125,500円}$＝32,763.34‥⇒32,763円

地方消費税に係る重加算税は、42,000円×$\dfrac{27,600円}{125,500円}$＝9,236.65‥⇒9,237円

よって、各加算税は、消費税分が32,763円、地方消費税分が9,237円となる。

ロ　**復興特別所得税と所得税**

　納付すべき復興特別所得税及び所得税に係る加算税の計算については、上記イと同様である。すなわち、その計算の基礎となるべきその年分の復興特別所

得税及び所得税の本税額の合計額によって行い、算出された加算税をその計算の基礎となった復興特別所得税の額及び所得税の額にあん分した額に相当する金額を復興特別所得税又は所得税に係る加算税の額とすることとされている（震災復興財源確保法24④）。

　この場合において、あん分された復興特別所得税の額に1円未満の端数がある場合又はその全額が1円未満である場合には、その端数金額又は全額（端数金額等）が50銭以下であるときは、その端数金額等を切り捨てるものとし、その端数金額等の金額が50銭超であるときは、その端数金額等を1円とする（復興特別所得税令9）。

　また、復興特別所得税及び所得税に係る加算税の計算をする場合の端数計算は、復興特別所得税及び所得税を一の税とみなしてこれを行うものとされている（震災復興財源確保法24⑥）。

ハ　地方法人税と法人税

　平成26年度税制改正で創設された地方法人税には、上記イ及びロのような特別な規定は設けられていない。このため、法人税に係る加算税と地方法人税に係る加算税は、それぞれ別々に行うことになり、その端数計算等は前記(1)によることとなる。

6　国外財産調書等の加重・軽減措置

(1)　国外財産調書制度の概要

　平成24年度税制改正において、「内国税の適正な課税の確保を図るための国外送金等に係る調書の提出等に関する法律」（以下「国送法」という。）が改正され、国外財産調書の提出制度が創設されている。

　この制度は、所得税法上の居住者（永住者を除く。）は、その年の12月31日においてその価額の合計額が5,000万円を超える国外財産を有する場合には、財務省令で定めるところにより所定の事項を記載した調書（国外財産調書）を、その年の翌年の3月15日までに、所定の区分に応じその区分に定める場所の所轄税務署長に提出しなければならないというものである（国送法5①）。

この制度の創設に伴い、国外財産調書の適正な提出を確保することを目的として、過少申告加算税等の軽減加重措置が講じられた。制度の概要は次のとおりである。

イ　国外財産調書の提出がある場合
　国外財産に関して生ずる所得税で政令で定めるものに対する所得税（国外財産に係る所得税）又は国外財産に対する相続税に関し、修正申告書若しくは期限後申告書の提出又は更正若しくは決定（以下「修正申告等」という。）があり、通則法第65条又は第66条の規定の適用がある場合において、提出期限内に税務署長に提出された国外財産調書に当該修正申告等の基因となる国外財産についての同項（国送法5①）の規定による記載があるときは、過少申告加算税の額又は無申告加算税の額は、通常課されるこれらの加算税の額から当該申告漏れ等に係る所得税又は相続税の5％に相当する金額を控除した金額とされる（国送法6①）。
　すなわち、国外財産につき国外財産調書を提出していれば、当該国外財産に係る申告漏れがあっても、その申告漏れに係る所得税等については過少申告加算税等が5％軽減されるのである。

ロ　国外財産調書の提出等がない場合
　国外財産に係る所得税に関し修正申告等があり、通則法第65条又は第66条の規定の適用がある場合において、国送法第5条第1項の規定により税務署長に提出すべき国外財産調書について提出期限内に提出がないとき、又は提出期限内に税務署長に提出された国外財産調書に記載すべき当該修正申告等の基因となる国外財産についての記載がないとき（国外財産調書に記載すべき事項のうち重要なものの記載が不十分であると認められるときを含む。）は、過少申告加算税又は無申告加算税の額は、通常課されるこれらの加算税額に当該申告漏れ等に係る所得税の5％に相当する金額を加算した金額とされる（国送法6②）。
　すなわち、国外財産調書を提出しない場合や提出した国外財産調書に記載漏れとなった国外財産がある場合において、その提出すべき又は記載すべき国外

財産に係る申告漏れがあったときには、当該申告漏れに係る所得税等については過少申告加算税等が5％加重される。

ハ　国外財産調書が更正の予知なく期限後に提出された場合

　国送法第5条第1項の規定により提出すべき国外財産調書が提出期限後に提出され、かつ、修正申告等があった場合において、当該国外財産調書の提出が、当該国外財産調書に係る国外財産に係る所得税又は相続税について更正又は決定があるべきことを予知してされたものでないときは、当該国外財産調書は提出期限内に提出されたものとみなして、国送法第6条第1項又は第2項の規定が適用される（国送法6④）。

　言い換えれば、国外財産調書を提出期限内に提出していない場合でも、事後的にこれに気付き、自主的に当該国外財産調書を提出したときには、当該国外財産調書は期限内に提出されたとみなして、上記イ及びロの規定が適用される。

⑵　自主的修正申告後に提出された国外財産調書の取扱い

　納税者が、所得税及び復興特別所得税について、国外財産に関して生ずる所得の申告漏れ等があったとして自主的に修正申告を行い、その後において国外財産調書を提出したところ、国税当局は、国送法第6条第2項の規定を根拠として加重分（5％）だけの過少申告加算税を賦課したのに対し、納税者が当該規定は自主的に修正申告した場合には適用されないとして、当該過少申告加算税の賦課決定処分の取消しを争った裁決事例がある（審判所平成29年9月1日裁決）。

　この事例の事実関係は次のとおりである。
イ　請求人は、平成26年分の所得税等の確定申告書を法定申告期限内に提出した。
ロ　請求人は、平成27年8月31日、平成26年分の所得税等について、H国において生じた預金利子等の申告漏れがあるとして、自主的に修正申告をした。
ハ　請求人は、平成27年9月14日、上記の修正申告の預金利子の元本である預金等を記載した平成26年12月31日分の国外財産調書（提出期限は平成27年3月16日）を提出した。

ニ　原処分庁は、平成28年3月28日付で、過少申告加算税の賦課決定処分をした。

　この事例において、国税不服審判所は、国送法第6条第4項に規定する「提出すべき国外財産調書が提出期限後に提出され、かつ、修正申告等があった場合」とは、「修正申告書の提出があった場合において、国外財産調書が提出されていることを要件として規定しているものと解するのが相当である」として、修正申告書の提出までに国外財産調書が提出されていない場合は、通則法第65条第1項に基づく過少申告加算税は賦課されなくとも、国送法第6条第2項の規定により加重分の過少申告加算税だけは賦課されると判断している。

　国送法第6条第4項は、国外財産調書が提出期限後に提出され、かつ、修正申告等があった場合において、当該国外財産調書の提出が、当該国外財産調書に係る国外財産に係る所得税について更正又は決定があるべきことを予知してされたものでないときは、当該国外財産調書は提出期限内に提出されたものとみなす旨規定しており、条文上は修正申告書の提出と国外財産調書の提出の前後関係について分かりにくいところがある。

　この点、国税不服審判所は、上記のとおり、国外財産調書を先に提出し、その後に修正申告書が提出されない限り国送法第6条第4項の規定の適用はないと判断していることから、国外財産調書を提出期限までに提出せず、かつ、それに記載すべき国外財産に係る申告漏れがあることに気付いた場合には、遅くとも修正申告書の提出までに国外財産調書を提出するよう留意すべきである。

(3)　財産債務調書制度の概要

　平成27年度税制改正において、所得税の申告をすべき者は、その申告書に記載すべきその年分の総所得金額及び山林所得金額の合計額が2,000万円を超え、かつ、その年の12月31日においてその価額の合計額が3億円以上の財産又はその価額の合計額が1億円以上の国外転出特例対象財産を有する場合には、同日において有する財産の種類、数量及び価額並びに債務の金額その他必要な事項を記載した調書（以下「財産債務調書」という。）を、翌年の3月15日までに、所轄税務署長に提出しなければならないこととされている。

　この財産債務調書においても、上記(1)の制度と同様に、過少申告加算税等の軽減・加重措置が講じられているので、留意する必要がある。

Ⅱ 過少申告加算税

1 制度の概要

(1) 制度の趣旨等

　過少申告加算税は、期限内申告書が提出された場合において、修正申告の提出又は更正があったときは、その修正申告又は更正により納付すべき税額に一定の割合を乗じて算出した額を賦課される附帯税である（通則法65①）。

　申告納税方式による国税は、原則として納税者が自ら行う申告により確定することから、国としては適正な申告を確保することが重要である。

　過少申告加算税は、過少申告による納税義務違反の事実があれば、原則としてその違反者に対し課されるものであり、これによって、当初から適法に申告し納税した納税者との間の客観的不公平の実質的な是正を図るとともに、過少申告による納税義務違反の発生を防止し、適正な申告の実現を図り、もって納税の実を挙げようとする行政上の措置である（最高裁平成18年４月25日第三小法廷判決参照）。

　この制度趣旨は、２で述べる「正当な理由」の判断にも影響を及ぼしている。

(注)　上記判例のほか、適正な納税者との公平性を担保する趣旨から、「過少申告加算税は、申告納税方式による国税において、納税者の申告が納税義務を確定させるために重要な意義を有するものであることに鑑み、申告に係る納付すべき税額が過少であった場合に、当初から適法に申告・納付した者とこれを怠った者との間に生ずる不公平を是正することにより、申告納税制度の信用を維持し、もって適正な期限内申告の実現を図ろうとするものである」旨判示した裁判例（東京地裁平成７年３月28日判決）や、納税義務違反に対する行政制裁という趣旨から、「過少申告加算税が、租税債権確保のために納税者に課せられた税法上の義務不履行に対する一種の行政上の制裁である」と判示した裁判例（那覇地裁平成８年４月２日判決）もある。

1 制度の概要

(2) 加算税の成立と確定及び賦課要件等

　過少申告加算税は、法定申告期限（通則法2七）の経過の時に成立する（通則法15②十四）。ただし、還付請求申告書に係る過少申告加算税は、当該還付請求申告書の提出の時に成立する（通則令5十一）。

　過少申告加算税の確定は、他の加算税と同様に、賦課課税方式（通則法16①二）により賦課決定の手続を経て確定することとされているが、具体的には、税務署長等がその賦課決定通知書を納税者に送達することによって確定する（通則法16②二、32③）。

　過少申告加算税の賦課要件は、次の2つである

イ　申告納税方式による国税について、納税申告書が法定申告期限内に提出されていること

　なお、通則法第65条第1項は、「期限内申告書」には還付請求申告書（還付金の還付を受けるための納税申告書）が含まれるとしている。この点については、(4)において詳しく説明することとしたい。

　また、期限後申告書が提出された場合であっても、その申告が期限後申告となったことについて正当な理由があると認められるとき（通則法66①ただし書の規定の適用があるとき）、又は法定申告期限内に申告する意思があったと認められるとき（通則法66⑦の規定の適用があるとき）には、通則法第66条に規定する無申告加算税は賦課されないが、期限内に正当な申告をした者との間の不公平を是正する趣旨から、その後に下記ロの要件を満たせば、過少申告加算税が賦課されることとされている（通則法65①）。

ロ　上記イの納税申告書に係る課税標準等又は税額等について更正又は修正申告書の提出があり、かつ、これらにより納付すべきこととなる税額があること

　この納付すべき税額には、還付金相当額を追徴する場合におけるその追徴額が含まれる（通則法35②、19④三、28②三）。

(3) 税額の計算

イ　賦課割合と計算方法（原則分）

Ⅱ　過少申告加算税

　過少申告加算税の額は、修正申告又は更正に基づき新たに納付すべき税額、いわゆる追加本税額を計算の基礎とし、原則として、これに対して10％の割合を乗じて計算される（通則法65①）。

（計算式）
　　追加本税額×10％＝加算税の額

(注1) 追加本税額とは、修正申告又は更正に基づき新たに納付すべき税額をいう。
(注2) 追加本税額に1万円未満の端数があるとき又はその追加本税額の全額が1万円未満であるときは、その端数金額又はその全額を切り捨てて計算する（通則法118③）。
(注3) 加算税の額に百円未満の端数があるとき又はその全額が5千円未満であるときは、その端数金額又はその全額を切り捨てる（通則法119④）。なお、通則法第119条第4項の規定により重加算税を賦課しない場合には、その賦課しない部分に対応する所得金額は、過少対象所得にも含まない(法人税過少通達第3の5)。

ロ　二段階制の計算

　過少申告加算税が課される場合において、修正申告又は更正により納付すべき税額、いわゆる追加本税額（修正申告又は更正が2回以上行われた場合は、前回までの修正申告又は更正による追加本税額の合計額（累積増差税額）を加算した金額）が、期限内申告税額相当額又は50万円のいずれか多い金額を超えるときには、上記の原則計算による金額に、当該超える部分に相当する税額に5％の割合を乗じて計算した金額を加算した金額とされている（通則法65②③）。

　この規定は、無申告加算税が15％の割合とされていることに比較すると、ほんの一部を期限内に申告し、そのほとんどが申告漏れとなっている場合にも10％の過少申告加算税にとどまるのは、公平を欠くため、申告漏れ割合が大きい場合に加算することで、申告水準を向上させる意図で制定されたものである。

・累積増差税額とは

　二段階制の計算における「累積増差税額」とは、過少申告加算税を計算しようとする修正申告又は更正前に修正申告又は更正があるときにおけるその修正申告又は更正により納付すべき税額の合計額をいう。

　ただし、次に掲げる各事由がある場合には、(イ)及び(ロ)により減少した部分の

税額に相当する金額又は㈱により控除すべきであった金額は、その合計額から控除される（通則法65③一）。

㈭　上記の「その修正申告又は更正により納付すべき税額」を減少させる更正
㈪　不服申立て又は訴えについての決定、裁決又は判決による更正の全部又は一部の取消し
㈱　上記の「その修正申告又は更正により納付すべき税額」のうちに、①期限内申告の基礎とされなかったことについて正当な理由があると認められる場合、又は、②過少申告加算税を計算しようとする修正申告又は更正前に期限内申告により納付すべき税額を減少させる更正等があった場合

　また、通則法第65条第5項の規定の適用がある調査通知前に更正の予知なく提出される修正申告に係る納付税額は、累積増差税額に含まれない（法人税過少通達第3の1）。

　あくまで調査通知前に提出された修正申告に係る納付税額が含まれないのであって、調査通知後に更正の予知なく提出された修正申告に係る納付税額は、累積増差税額に含まれることに留意する必要がある。

法人税過少通達
第3　過少申告加算税等の計算
（累積増差税額等に含まれない税額）
1　通則法第65条第3項第1号に規定する累積増差税額には、同条第5項の規定の適用がある修正申告書の提出により納付すべき税額は含まれないものとし、通則法第66条第3項に規定する累積納付税額には、同条第6項の規定の適用がある期限後申告書又は修正申告書の提出により納付すべき税額は含まれないものとする。
（注）通則法第65条第5項の規定の適用がある修正申告書又は通則法第66条第6項の規定の適用がある期限後申告書若しくは修正申告書において、第1の3⑶の取扱いによって、調査通知がある前に行われたものとして取り扱われないものが含まれる場合は、これに対応する納付すべき税額は、それぞれ通則法第65条第3項第1号に規定する累積増差税額又は通則法第66条第3項に規定する累積納付税額に含まれることに留意する。

・期限内申告税額とは
　二段階制の計算における「期限内申告税額」とは、期限内申告書（期限内申

Ⅱ　過少申告加算税

告書の提出がされないことについて正当な理由がある場合（通則法66①ただし書）又は法定申告期限内に申告する意思があったと認められる場合（通則法66⑦）の期限後申告書を含む。）の提出により納付すべき税額をいう（通則法65③二）。

ただし、これらの申告書に係る国税について、次に掲げる金額があるときは当該金額を加算した金額になる。また、所得税、法人税、地方法人税、相続税又は消費税に係るこれらの申告書に記載された還付金の額に相当する税額があるときは当該税額を控除した金額になる。

法人税の場合は、通常、法人税確定申告書別表一（一）の10欄の「法人税額計」の欄の金額となる。

なお、下記(イ)ないし(ホ)の金額は、申告書に記載されている金額ではなく、本来法人税法等を正しく適用すれば控除されるべき金額とされる。例えば、法人税の場合、調査において、国外所得金額が増加するなどの理由により外国税額控除額が修正申告又は更正により修正されたときは、その金額は加算されることになる。

(イ)　所得税　源泉徴収税額、外国税額控除額、予納税額及び災害減免額
(ロ)　法人税　所得税額、外国税額控除額及び中間納付額
(ハ)　地方法人税　外国税額控除額及び中間納付額
(ニ)　相続税・贈与税　外国税額控除額、相続時精算課税に係る贈与税相当額
(ホ)　消費税　中間納付額

（算式）

期限内申告税額　＝　期限内申告書の提出により納付すべき税額　＋　所得税額控除額等　－　還付金額

（具体的な計算式）

〈1〉　当該修正申告又は更正前に修正申告又は更正がない場合（今回の更正等前の更正等（以下「前回の更正等」という。）がない場合）

　追加本税額×10％＝原則分の加算税の額　‥‥①
　（追加本税額－控除額）×5％＝二段階分の加算税の額　‥‥②
　①＋②＝納付すべき加算税の額

(注1) 追加本税額とは、当該修正申告又は更正に基づき新たに納付すべき税額をいう。
(注2) 控除額とは、期限内申告税額相当額又は50万円のいずれか多い額という。
(注3) 端数計算は、上記イの(注2)及び(注3)による。

〈2〉当該修正申告又は更正前に前回の更正等がある場合

追加本税額×10％＝原則分の加算税の額　‥‥①

（追加本税額＋累積増差税額－控除額）×5％＝二段階分の加算税の額
　‥‥②

①＋②＝納付すべき加算税の額

(注) 当該修正申告又は更正による追加本税額が二段階の対象税額（追加本税額＋累積増差税額－控除額）よりも少ない場合は、その追加本税額を限度とする。

計算例

〈1〉期限内申告税額が50万円以下で前回の更正等がない場合
- 期限内申告税額　20万円
- 追加本税額　80万円

　原則分：80万円×10％＝8万円　‥‥①

　二段階分：（80万円－50万円）×5％＝1.5万円　‥‥②

　①＋②＝9.5万円

〈2〉前回の更正等がない場合
- 期限内申告税額　200万円
- 追加本税額　1,200万円

　原則分：1,200万円×10％＝120万円　‥‥①

　二段階分：（1200万円－200万円）×5％＝50万円　‥‥②

　①＋②＝170万円

〈3〉前回の更正等がある場合(1)
- 期限内申告税額　500万円
- 前回の更正等により納付すべき税額　200万円（累積増差税額）
- 今回の更正等により納付すべき税額　700万円（追加本税額）

　原則分：700万円×10％＝70万円　‥‥①

　二段階分：（700万円＋200万円－500万円）×5％＝20万円　‥‥②

①＋②＝90万円

〈4〉 前回の更正等がある場合(2)
  ・期限内申告税額　500万円
  ・前回の更正等により納付すべき税額　700万円（累積増差税額）
  ・今回の更正等により納付すべき税額　200万円（追加本税額）
   原則分：200万円×10％＝20万円　‥‥①
   二段階分：(200万円＋700万円－500万円)＞200万円
   したがって、二段階分の対象税額は200万円
   200万円×5％＝10万円　‥‥②
   ①＋②＝30万円

(注) 今回の更正等の追加本税額が二段階分の対象税額（追加本税額＋累積増差税額－控除額）よりも少なくなるので、今回の更正等の追加本税額が限度となる。

八　正当な理由があると認められる事実に基づく税額がある場合

　過少申告加算税は、修正申告等に係る追加本税額に正当な理由があると認められる事実（以下「正当事実」という。）に基づく税額が含まれている場合は、その部分については、課されない。

　つまり、追加本税額に正当事実に基づく税額が含まれている場合には、当該税額を追加本税額から控除することとされているところ（通則法65④一）、その控除する税額は、正当事実のみに基づいて更正等があったものとした場合に納付すべき税額とされている（通則令27①一）。

　具体的には、正当事実のみに基づいて更正等があったものとした場合の税額の基礎となる所得金額を計算して、その所得金額に係る税額を計算しなければならないが、その所得金額は、追加本税額の更正等があった後の所得金額から正当事実に基づかない部分の所得金額（以下「過少対象所得」という。）を控除して計算する（法人税過少通達第3の2）。

　また、過少対象所得は、正当事実以外の事実に基づく益金の額及び損金の額を基礎として計算する（法人税過少通達第3の3）。

　例えば、当初申告が100万円の欠損だった場合に、調査において、正当事実に基づく所得金額150万円、過少対象所得200万円が生じたときには、更正等が

あったものとした場合の基礎となる所得金額は250万円（150万円＋200万円－100万円）であるが、その250万円から過少対象所得200万円を控除した50万円に対する税額が正当事実のみに基づいて更正等があったものとした場合の税額となる。

> **法人税過少通達**
> **第3　過少申告加算税等の計算**
> 　（過少申告加算税又は無申告加算税の計算の基礎となる税額の計算方法）
> 2　過少申告加算税又は無申告加算税の計算の基礎となる税額を計算する場合において、通則法第65条第4項第1号（通則法第66条第5項において準用する場合を含む。）の規定により控除すべきものとして国税通則法施行令第27条第1項第1号に規定する正当な理由があると認められる事実（以下「正当事実」という。）のみに基づいて更正、決定、修正申告又は期限後申告（以下「更正等」という。）があったものとした場合の税額の基礎となる所得金額は、その更正等があった後の所得金額から正当事実に基づかない部分の所得金額（以下「過少対象所得」という。）を控除して計算する。
> 　（過少対象所得の計算）
> 3　過少対象所得は、正当事実以外の事実に基づく益金の額及び損金の額を基礎として計算する。

(4)　還付請求申告書の場合

　過少申告加算税は、還付請求申告書が提出された場合において、その後、還付金額を減少させる修正申告書の提出又は更正があったときにも賦課される（通則法65①）。

　例えば、還付請求申告書に過大な還付金額を記載して、その金額が還付された場合や還付に至らない場合でも過大な還付金額が修正申告又は更正により減少したときには、その減少する部分の金額に対し過少申告加算税が賦課されるのである。

　ここにいう「還付請求申告書」とは、還付金の還付を受けるための納税申告書（納税申告書に記載すべき課税標準等及び税額等が所得税法等の規定により正当に計算された場合にその申告書の提出により納付すべき税額がないものに限る。）で通則法第17条第2項に規定する期限内申告書以外のものをいう（通

Ⅱ　過少申告加算税

則令26①)。

　つまり、法令上は、還付税額を請求する申告書イコール還付請求申告書ではなく、還付を請求する申告書で、期限後に提出されたもののうち、正当計算で納付税額がないものということになる。

■ 還付額を請求する申告書と加算税との関係

申告書の提出時期等の区分		加算税における取扱い
期限内に提出		期限内申告書（通則法17②）
期限後に提出	下記以外のもの	期限内申告書に含む（通則法65①）
	正当計算で納付税額があるもの	期限後申告書

　これに該当するものとしては、①所得税法第120条第1項に規定する申告義務を有する者が提出する確定申告書（期限内申告書を除く。）で予定納税額又は源泉徴収税額の還付を受けるもの、②所得税法第122条に規定する還付を受けるための確定申告書、③純損失の繰戻しによる還付を受けるための所得税の損失申告書（期限内申告書を除く。）、④課税物件の移出等がない場合の課税物件の戻入れ等による還付を受けるための酒税等の納税申告書等である（志場喜徳郎ほか編「国税通則法精解（平成28年改訂）」698頁（大蔵財務協会）参照）。

　例えば、法人が、法定申告期限後に、所得金額を超える源泉徴収税額の還付を求める確定申告書を提出した場合において、その後更正により還付金額が減額されて減少額の納付税額が生じたときには、当該納付税額に対しては、無申告加算税ではなく、過少申告加算税が賦課されることとなるのである。

　この場合に、仮に所得金額が源泉徴収税額を超えて、本来確定申告において納付すべき税額が生じる場合には、当初の期限後の申告書は還付請求申告書に該当しないので、無申告加算税が賦課されることとなる。

（注）審判所平成12年10月10日裁決は、税理士業を営む者が行った確定申告が期限内申告か否かが争われた事案で、原処分庁が無申告加算税を賦課していることに対して国税不服審判所は、「本件申告書は上記のとおり期限後申告書であるが、国税通則法第65条《過少申告加算税》第1項に規定する還付請求申告書に該当し、かつ、本件更正処分も還付金の額に相当する税額を減額するものであるので、本件更正処分により賦課すべき加算税は、同項に規定する過少申告加算税ということになる」旨判断している。

(5) 法定申告期限内の訂正申告

イ 法定申告期限内に同じ納税者から2以上の確定申告書が提出された場合には、その納税者から法定申告期限内に特段の申出がない限り、実務上は、その2以上の申告書のうち最後に提出された申告書をもって、その納税者の申告書として取り扱うこととされている（所基通120－4）。

このように法定申告期限内に当初の申告書の内容を修正する申告を実務上は「訂正申告」と称している。

(注) 訂正申告の手続は確定申告と特に変わったところはなく、正しく修正したものを提出すれば良いわけだが、控除証明書や医療費の領収書などの添付書類を当初申告で提出済みのことが多いことから、①収受印のある当初申告の控えをコピーして添付し、②表題の余白に赤字で訂正申告と明記するなどして、当初申告との関係を明らかにするのが一般的である。

訂正申告が法定申告期限内に提出された最後の申告であるから、当該訂正申告のための申告書は原則として期限内申告書として取り扱われる。

このようにいったん提出した申告書の差替えを認めているのは、申告行為が私人の公法行為であって、それが有効に成立するまでは「撤回」することが原則として自由であるからだと考えられる。

ところが、例えば、最初に提出された申告書が還付を求める内容であり、当該申告書に基づき還付処理が行われている場合には、最初の申告書を「撤回」することが困難となる場合もあることから、実務上も、先に提出された申告書に還付金が記載され、かつ、その還付金につき既に還付の処理が行われていた場合には、上記の取扱いは適用できないとされている（所基通120－4注書）。

(注) 私人の公法行為がそれ自体で独立に法的意義を有する行為（単独行為）でない場合（行為申請の場合）には、私人の公法行為に対して行政行為がなされ、それが有効に成立する前においては、これを撤回することは、原則として自由である。ただし、行政行為がなされる前でも、私人の公法行為を撤回することが信義に反すると認められるような特段の事情がある場合には、その撤回は許されない（最高裁昭和34年6月26日第二小法廷判決参照）。

ロ 以上の訂正申告の取扱いを前提として、過少申告加算税の賦課について考えてみると、訂正申告が法定期限内の最後の申告書、つまり期限内申告書として取り扱われるので、過少申告加算税の問題は生じないと考えられる。

また、仮に、訂正申告の直前の申告書が有効な期限内申告書とされ、訂正の

Ⅱ 過少申告加算税

ために提出した申告書が修正申告書として取り扱われる場合であっても、納税者の自主的な修正申告であることから、後述する通則法第65条第5項の「更正を予知しないでした申告」に該当し、通常過少申告加算税は免除されることとなると考えられる。

(6) 過少申告加算税が賦課されない場合

過少申告加算税が賦課されないものとしては、大きく①正当な理由がある場合等と、②更正を予知しない修正申告をした場合がある。

イ 正当な理由がある場合等

過少申告加算税は、修正申告書の提出又は更正に基づき納付すべき税額に対して賦課されるのであるが、その納付すべき税額の計算の基礎となった事実のうちにその修正申告又は更正前の税額(還付金の額に相当する税額を含む。)の計算の基礎とされていなかったことについて正当な理由があると認められるものがある場合などには、その部分について賦課されないこととされている(通則法65④)。

すなわち、次に掲げる場合には、過少申告加算税の基礎となる納付すべき税額からそれぞれに定めるところにより計算した金額を控除することとされている。

(イ) 通則法第65条第1項又は第2項に規定する納付すべき税額の計算の基礎となった事実のうちにその修正申告又は更正前の税額(還付金の額に相当する税額を含む。)の計算の基礎とされていなかったことについて正当な理由があると認められるものがある場合　その正当な理由があると認められる事実に基づく税額

この「正当な理由」の意義及び事例については、後記2にて詳述することとしたい。

(ロ) 通則法第65条第1項の修正申告又は更正前に当該修正申告又は更正に係る国税について期限内申告書の提出により納付すべき税額を減少させる更正その他これに類するものとして政令で定める更正(更正の請求に基づく更正を除く。)があった場合　当該期限内申告書に係る税額(還付金の額に相当する税額を含む。)に達するまでの税額

上記(ロ)の内容は平成28年度税制改正において、追加されたものである。改正前は各過少申告加算税に係る通達において、正当な理由の一事例として定められていたが、納税者の申告行為における正当な理由の条文からは解し難いため、法定化されたものと考えられる。

例えば、当初納付税額100の期限内申告をしていたところ、国税当局が更正により納付税額40に減少させ、その後に再更正により納付税額を120としたような場合には、100で申告したものがいったん60減額されたことについて、納税者に帰責性はないことから、再更正の追加本税額80のうち、当初の期限内申告100に達するまでの60については加算税の対象にしないこととしたものである。ただし、更正の請求に基づく減額更正は、納税者の意思に基づくものなので、納付税額を減少させる更正の対象外とされている。

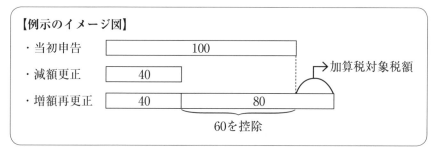

ロ　更正を予知しない修正申告

現行法においては、修正申告書の提出があった場合において、その提出がその申告に係る国税ついての調査があったことにより当該国税について更正があるべきことを予知してされたものでないときは、過少申告加算税の賦課割合は、10%ではなく、5％軽減された5％となる（通則法65①かっこ書）。

そしてさらに、修正申告書の提出が更正等を予知してされたものでない場合で、かつ、その申告に係る国税の調査通知がある前に行われたものであるときは、過少申告加算税は賦課されないこととされている（通則法65⑤）。

更正を予知しない修正申告の取扱いは、平成28年度税制改正において、調査通知の前後における取扱いが整備されたところであり、この点については、後記3にて詳述することとしたい。

29

2 正当な理由

(1) 適用要件（趣旨等）

　過少申告加算税は、修正申告又は更正に基づき追加本税額の計算の基礎となっている事実のうちに、その修正申告又は更正前の税額の計算の基礎とされていなかったことについて正当な理由があると認められるものがある場合には、その部分については賦課しないこととされている（通則法65④一）。

　過少申告加算税は、過少申告という納税義務違反があれば、原則として賦課されるものであることから、その取消しを争訟において争う場合には、「正当な理由」を主張とするケースが多い。

　この「正当な理由があると認められる場合」の意義について、最高裁平成18年4月20日第一小法廷判決は、「過少申告加算税は、過少申告による納税義務違反の事実があれば、原則としてその違反者に対し課されるものであり、これによって、当初から適法に申告し納税した納税者との間の客観的不公平の実質的な是正を図るとともに、過少申告による納税義務違反の発生を防止し、適正な申告納税の実現を図り、もって納税の実を挙げようとする行政上の措置であ」ると、過少申告加算税の制度趣旨を述べた上で、「過少申告加算税の上記の趣旨に照らせば、同項（筆者注：現行通則法65④一）にいう「正当な理由があると認められる」場合とは、真に納税者の責めに帰することのできない客観的な事情があり、上記のような過少申告加算税を賦課することが不当又は酷になる場合をいう」と判示している。

　つまり、「正当な理由」に該当する場合とは、①納税者に帰責性がなく、②過少申告加算税を賦課することが「不当又は酷」になるような場合である。

　「不当又は酷」の意義について、酒井克彦教授は、「裁判例が「不当」や「酷」という場合、概して「不当」が専ら行政当局が行うべき制裁的措置としての妥当性から考察されていたのに対して、「酷」とは、…、加算税を課される納税者の側からその制裁的措置の妥当性を考察した判断基準であると思われる」（酒井克彦著「『正当な理由』をめぐる認定判断と税務解釈」46頁（清文社））と述べられている。つまり、加算税の賦課を行政上の制裁措置と捉え、そのような制裁措置を与えることが妥当か否かが「正当な理由」の判断基準となると考え

られる。

(2) 事務運営指針において判断事例を定める意義

国税庁が税目ごとに発遣した過少申告加算税等の取扱いに関する通達(事務運営指針)には、それぞれ「正当な理由」の具体的な事例が掲げられている。

各通達に掲げられている「正当な理由」の事例は必ずしも一致していない。

ところで、税法の規定の中には、「不相当に高額」(法法34②、36)、「不当に減少させる」(所法157①、法法132①、132の2、132の3)、「相当の理由」(法法123二、127①三、所法145二、150①三)といった、具体的な要件事実を規定するのではなく、抽象的な概念を規定した条文がある。このような規定は一般に「不確定概念」といわれ、このような要件は「規範的要件」と呼ばれている。

「正当な理由」も、この不確定概念の一つといわれている。

規範的要件の判断は、正当な理由があると評価できる事実、逆に評価できないとする事実がどの程度あるかを認定した上で、それらの事実に基づき総合的に判断することになる。その場合に正当な理由があると評価できる事実は、所得税法や法人税法などの各税法の課税要件事実を満たす具体的事実、納税者の態様、記帳状況、税理士関与の有無等の状況によって税目ごとで多少異なってくる。

そのため、過少申告加算税等に関する通達(事務運営指針)は、「正当な理由」という抽象的な概念について、各税目の事務運営等をも踏まえて発生し得る可能性のある事例を掲げ、そのような事例を示すことで、各税目のそれぞれの担当税務職員の判断の統一性を図るとともに、税務職員の恣意性や自由裁量的な判断を排除することを目的としているものと考えられる。

また、この事務運営指針は国税庁ホームページなどに掲載されており、こうして広く公開することにより、納税者側にとっても「正当な理由」の意義について、予測可能性を高める効果があると考えられる。

各税目の通達にそれぞれ異なる事例が示されている意義はそのようなところにあると考えられる。

(注1) 品川芳宣教授は、税目ごとの事務運営指針における取扱いの差異に関して、「加算税通達は…複数の取扱いから構成されており、それらの間の取扱いに差異が見られる。もち

Ⅱ　過少申告加算税

ろん、それぞれの税目の特性に対応した特有な取扱いが存するのは理解できる。しかし、それぞれの税目において共通すると考えられる事項について、それぞれ異なった取扱いが存すると、同じ条文について解釈等が異なるということで、かえって納税者側の予測可能性に悪影響を及ぼすことになる」と述べられている（品川芳宣著「附帯税の事例研究　第四版」77頁（財経詳報社））。この点について、酒井克彦教授は、「あくまでも、これら事務運営指針は税目ごとの事務運営上の指針としての意味を有するものであるから、税目ごとにその力点は違うはずである。通達は、公開されることが予定されているとしても、第一義的には、行政庁内部における上意下達の手段であるということからすれば、各税目に係る事務運営における「正当な理由」の注意点をそれぞれの事務運営の観点から例示したものと理解することができよう。もっとも、品川教授の指摘はそのことを前提とした上での指摘であろう」と述べられている（酒井前掲書33頁）。

(注２) 課税要件というものは、法令上一義的で明確でなければならない。課税要件明確主義は租税法律主義の一部を構成する原則的な考え方である。そのような観点からすると、「正当な理由」という不確定概念は課税要件明確主義に反し、ひいては租税法律主義にも反するとの批判が過去にはあった。

　　　この点について、横浜地裁昭和51年11月26日判決は、「同条２項（筆者注：現行通則法65④一）の法意が、同条１項の課税要件を具備するすべての場合に過少申告加算税を賦課すると事情によっては納税義務者にとって苛酷な結果を招来することもあり得ることから、かかる事態を回避する目的のために設けられていること、かつ、この目的にしたがって過少申告加算税を賦課しない特別要件として、「納付すべき税額の計算の基礎となった事実のうちにその修正申告又は更正前の税額の計算の基礎とされなかったことについて正当な理由があると認められるものがある場合」と規定し、如何なる事実につき「正当な理由」の有無を判断すべきかについて一つの基準を示している。したがって、同条２項にいう「正当な理由」とは立法技術上やむを得ず用いられた不確定概念と考えるのが相当であるし、又右にいう「正当な理由があると認められるものがある場合」に該当するかどうかは、法の解釈適用の問題として、いわゆる法規裁量事項と解されるから、行政庁の自由裁量を許したものではなく、まして行政庁に恣意的な解釈を許容したものでないこと明白であるから、この規定が憲法31条に違反するということはでき」ない旨を判示している。

　　　この裁判例の争点は憲法第31条の適正手続保障原則であるが、この判示内容に照らせば、「正当な理由」という用語を用いる現行規定は租税法律主義にも反するものではないと考えられる。そして、その法規裁量事項、つまり課税庁がいかなる場合に正当理由を認めるかを具体的に例示したものが現行の事務運営指針といえる。

(3) 具体的な事例

　この項では、法人税過少通達に掲げられている「正当な理由」の事例を中心に、また、他の税目でも法人税と関連すると思われる事例について、裁判例等を掲げながら、説明していきたい。

　ところで、各税目の通達に共通することとして、各税目の通達に掲げられているケースは、柱書に「例えば」とあるように、あくまで各税目の特色とその事務運営から発生する可能性の高い事実を例示したものであって、当然のことながら、これらのケースに限定されているわけではない。

　あくまで、上記で述べたとおり、①納税者に帰責性がなく、②過少申告加算税を賦課することが「不当又は酷」になるような場合を例示したにすぎない。

　例えば、所得税の事務運営においては、確定申告時に非常に多くの納税者に対して税務職員や地方税職員による納税相談が行われ、その納税者とのやりとりの中で誤指導が生じることが懸念されることから、納税相談を経た後の申告においていかなる場合に「正当な理由」に該当するかを所得税過少通達において例示しているところである。

　一方、法人税過少通達には、このような事例は掲げられていないものの、仮に、法人税の納税者である法人の経理担当者等が確定申告に関連して事前に納税相談に赴き、税務職員の指導を受け、その指導に従って申告したところ、その指導が誤っていたために過少申告となったときには、所得税の取扱いと同様に取り扱うことになると考えられる。

イ　法令解釈の明確化

　この事例は、他の税目の通達にも共通して掲げられているものである。

> **法人税過少通達**
> **第1　過少申告加算税の取扱い**
> 　（過少申告の場合における正当な理由があると認められる事実）
> 1　通則法第65条の規定の適用に当たり、例えば、納税者の責めに帰すべき事由のない次のような事実は、同条第4項第1号に規定する正当な理由があると認められる事実として取り扱う。
> (1)　税法の解釈に関し、申告書提出後新たに法令解釈が明確化されたため、そ

II　過少申告加算税

> の法令解釈と法人の解釈とが異なることとなった場合において、その法人の解釈について相当の理由があると認められること。
> （注）税法の不知若しくは誤解又は事実誤認に基づくものはこれに当たらない。

　税法の解釈に関して、申告書提出時における納税者の解釈と、申告書提出後に国税当局が明らかにした解釈が異なっていた場合において、その納税者が申告書提出時点において異なる解釈をしたことに相当の理由、つまり真にやむを得ない事情があったと認められる場合には、正当な理由に当たるとされている。

　これに対して、後記□で述べるとおり、納税者の単なる税法の不知・誤解、納税者自身が事実を誤認して税法を適用した場合などは、正当な理由に当たらないとされている。

　その判断のポイントは、納税者が国税当局が明らかにした解釈と異なる解釈をしたことに相当の理由があるか否かであるが、それは具体的な事実関係によって総合的に判断することとなる。

(注)　規範的課税要件について

　　通則法第65条第4項第1号は、過少申告加算税を課さない要件として、「正当な理由がある」ことを掲げている。この「正当な理由がある」というのは、「資産の譲渡」という事実があれば課税要件を満たすといった要件とは異なり、事実というよりも評価（規範的な判断）というべきであるから、争訟においては、「正当な理由がある」ことについて、証拠によってその存否を証明するということは不可能である。

　　そのため、「正当な理由がある」かどうかは、まず、正当な理由があるといえるだけの事実関係がどの程度あるか、逆に正当な理由があるといえない事実関係がどの程度あるかということについて証拠に基づいて事実認定をし、その次に、認められる事実関係を前提として、総合判断として「正当な理由がある」と評価できるかを決することになる。

　　このように、事実というよりも評価（規範的な判断）の性格を有する課税要件を規範的課税要件といい、そのような評価に結び付く事実を評価根拠事実、逆の評価に結び付く事実を評価障害事実という。

　　規範的課税要件事実の判断プロセスは、次のとおりである。

2 正当な理由

■規範的課税要件事実の判断プロセス

（ある評価ができるとする方向）　　　　　（その評価はできないとする方向）

評価根拠事実A　←証拠で認定　　　　　評価障害事実A　←証拠で認定

評価根拠事実B　←証拠で認定　　　　　評価障害事実B　←証拠で認定

総　合　判　断　＝規範的課税要件の充足の有無

　それでは、具体的にどのような場面でどのような判断がされているかについて、過去の裁判例をみてみよう。
・株主優待金の取扱いが問題となった事例
　一つ目は、株主優待金の取扱いについて法人税の適用関係が問題となった事例である。
　本件は、いわゆる株主相互金融を営む株式会社が、昭和27年6月1日から同28年5月31日までの事業年度の法人税の申告において、株主に対してその株式数に応じ会社資産を無償で交付するところのいわゆる株主優待金を損金の額に算入したところ、課税庁は、昭和28年3月3日付国税庁通達において株主優待金の損金不算入を宣明にしたことにより、当該株主優待金の損金算入を否認する更正処分とともに、過少申告加算税の賦課決定処分を行い、これに対して、納税者が更正処分及び過少申告加算税の取消しを求めた事案である。
　本訴において、納税者側は、本件賦課決定処分の違法性について、従来より株主優待金は損金算入とされていたものであり、昭和28年3月3日付国税庁通達でこれを突如課税対象としたものであり、租税法律主義に反するものであるが、そうでなくても本件事業年度において国税当局も原告会社も株主優待金を損金に算入し得ると解していたものであるから、その申告には正当の理由があ

Ⅱ　過少申告加算税

るというべきであると主張した。

　これに対して本判決は、株主優待金は実質的には利益の処分であるから損金算入は認められないとして、更正処分は適法であるとしたが、過少申告加算税の賦課決定処分については、株主優待金の損金性については当該確定申告の直前まで税務当局としても取扱いが確定せず、一般的にもこれを損金と解する傾向にあったと認められるから、これを損金に計上したことについて正当な理由が認められるとして、その部分に対応する賦課決定は違法である旨判示した（名古屋地裁昭和37年12月8日判決）。

　本件について、品川芳宣教授は、「本件係争事業年度の期中である昭和28年3月3日株主優待金を損金不算入とする旨の取扱通達が発遣されているところから、その通達の周知状態のいかん（その実態は本判決から読み取れないが）によって、原告会社は課税庁の取扱いの明確化を知りながらあるいは知り得る状態にありながらも当該株主優待金を損金算入したことも想定し得ようし、かかる場合には、過少申告についての正当理由は認め難いことになろう」と述べられている（品川前掲書91頁）。

　法人税過少通達では、この点を踏まえ、「申告書提出後新たに法令解釈が明確化されたため、その法令解釈と法人の解釈とが異なることとなった場合」と定めているところであり、申告までに法令解釈が明確化されていた場合には、品川教授も述べられているように、発遣された通達の周知状況等申告に至るまでの事実をもって、総合的に判断することになろう。

・ストックオプションの権利行使益の所得区分が問題となった事例

　二つ目は、所得税の事例である。

　本件は、納税者が取締役を務めていた日本法人A社の親会社である米国法人B社から付与されたストックオプションを行使して得た権利行使益について、これが所得税法第28条第1項所定の給与所得に当たるとして課税庁のした納税者の平成10年分の所得税に係る更正処分並びに同11年分の所得税に係る更正処分及び過少申告加算税賦課決定処分が争われた事例である。

　最高裁平成18年11月16日第一小法廷判決が前提とした事実関係の概要は、次のとおりである。

2　正当な理由

A　納税者は、平成4年から同11年頃までA株式会社の取締役の地位にあり、同社在職中に、同社の親会社である米国法人B社からそのストックオプション制度に基づきストックオプションを付与された。上告人は、これを行使し、同10年に6億9,649万1,740円の同11年に3億9,258万1,867円の各権利行使益を得た。

B　納税者が、平成11年3月8日に、平成10年分所得税につき、上記権利行使益が一時所得であるとして確定申告をしたところ、国税当局は、同11年12月24日付けで、同権利行使益が給与所得に当たるとして増額更正処分及び過少申告加算税賦課決定処分をした。また、納税者が、平成12年2月29日に、平成11年分の所得税につき、上記権利行使益（以下「本件権利行使益」という。）が一時所得に当たるとして確定申告をしたところ、国税当局は、同12年10月31日付けで、本件権利行使益が給与所得に当たるとして増額更正及び過少申告加算税賦課決定処分をした。納税者は、同年12月22日、上記各処分を不服として異議申立てをしたところ、国税当局は、同13年3月21日付けで、本件権利行使益は給与所得に当たるとした上で、それ以外の点を理由として上記各処分の一部を取り消す旨の決定（以下、これにより一部取り消された後の平成11年分の所得税に係る過少申告加算税賦課決定を「本件賦課決定」という。）をした。

C　我が国においては、平成7年に特定の株式未公開会社においてストックオプション制度を導入することが可能となり、その後、平成9年及び平成13年の商法改正によりすべての株式会社においてストックオプション制度を利用するための法整備が行われ、これらの法律の改正を受けて、ストックオプションに関する課税上の取扱いに関しても、租税特別措置法や所得税法施行令の改正が行われたが、外国法人から付与されたストックオプションに係る課税上の取扱いに関しては、判決時点に至るまで法令上特別な定めは置かれていない。

D　東京国税局直税部長監修、同局所得税課長編者の「回答事例による所得税質疑応答集」（昭和60年版）には、外国法人である親会社から日本法人である子会社の従業員等に付与されたストックオプションの権利行使益は、原則一時所得となるという趣旨が述べられ、平成6年版までの同書籍においても

Ⅱ　過少申告加算税

同旨の記述が踏襲されていた。また、国税庁審理室補佐が週刊税務通信昭和60年5月6日号に執筆した記事でも、上記の同書籍と同旨の記述があった。課税実務においても、平成9年分の所得税の確定申告がされる時期ころまでは、このようなストックオプションの権利行使益を一時所得として取り扱う例が多かった。

　しかしながら、平成10年分の所得税の確定申告の時期以降は、課税実務上、ストックオプションの権利行使益を給与所得とする統一的な取扱いがされるようになり、平成10年7月に発行された「回答事例による所得税質疑応答集」平成10年版においても、外国法人である親会社から付与されたストックオプションの行使に係る課税関係は給与所得として課税されることになる旨記述がされた。ところが、そのころに至っても、外国法人である親会社から付与されたストックオプションの権利行使益の課税上の取扱いが所得税基本通達その他の通達において明記されることはなく、これが明記されたのは、平成14年6月24日付けの所得税基本通達の改正によってであった。

上記事実関係を踏まえて、最高裁は次のように判示し、正当な理由を認めた。「前記事実関係等によれば、課税庁は、外国法人である親会社から日本法人である子会社の従業員等に付与されたストックオプションの権利行使益の所得税法上の所得区分に関して、かつては一時所得として取り扱っており、課税庁の職員が監修等をした公刊物でもその旨の見解が述べられていたところ、平成10年分の所得税の確定申告の時期以降、これを変更し、給与所得として取り扱うようになったものである。この所得区分に関する所得税法の解釈問題については、一時所得とする見解にも相応の論拠があり、その後、下級審の裁判例においても判断が分かれることになったのである。このような問題について、課税庁が従来の取扱いを変更しようとする場合には、法令の改正によらないとしても、通達を発するなどして変更後の取扱いを納税者に周知させ、これが定着するよう必要な措置を講ずべきものである。ところが、前記事実関係等によれば、課税庁は、上記のとおり課税上の取扱いを変更したにもかかわらず、その変更をした時点では通達によりこれを明示することなく、平成14年6月の所得税基本通達の改正によって初めて変更後の取扱いを通達に明記したというのである。そうすると、少なくともそれまでの間、課税庁において前記の必要な措

置を講じていたということはできず、納税者が上記の権利行使益を一時所得に当たるものとして申告したとしても、それをもって納税者の主観的事情に基づく単なる法律解釈の誤りにすぎないものということはできない。

　以上のような事情の下においては、上告人（筆者注：納税者）がその平成11年分の所得税につき本件権利行使益を一時所得として申告し、本件権利行使益が給与所得に当たるものとしては上記所得税の税額の計算の基礎とはされていなかったことについて、真に上告人の責めに帰することのできない客観的な事情があって、過少申告加算税の趣旨に照らしてもなお上告人に上記所得税に係る過少申告加算税を賦課することは不当又は酷になるというのが相当であり、国税通則法第65条第4項にいう「正当な理由」があるものというべきである。前記のとおり、同年分の所得税の申告は、上告人が同10年分の所得税につきストックオプションの権利行使益が給与所得に当たるとして増額更正を受けた後にこれをしたものであるが、この事実を考慮しても、上記判断は左右されない。」

　本件について、品川芳宣教授は、「当該事案においては、所得税の申告に当たって、所轄税務署長の職員から当該権利行使益が給与所得に該当する旨の説明を受けていながらも、課税当局と争うことを認識しながら「一時所得」として申告したというものであるから、他の事案に比して「正当な理由」を容認することに疑問が残る」（品川前掲書137頁）と述べられている。

　確かに、納税者は、国税当局の職員からストックオプションに対する取扱いが変更されたことの指導を受け、そのことを認識した上で確定申告を行っていた事実は正当理由に当たらないと評価する事実の一つではあるが、本判決は、そのような事実を考慮したとしても、当該納税者に対して過少申告加算税を賦課することは不当又は酷となると判断したものと考えられる。

　この判決は、過去国税当局が認めてきた法解釈や取扱いを変更する場合には、公正性や公平性を担保するためにできる限り速やかに変更後の公的見解を公開通達等により明らかにし、広く周知すべきであると、国税当局を諭しているようにも感じるところである。

　通達では、法令解釈の変更等について特に触れていないが、法令解釈の変更等においても、上述した法令解釈の明確化と同様の取扱いとなると考えらえる。

Ⅱ　過少申告加算税

□　税法の不知・誤解

　上記イで述べたとおり、納税者の単なる税法の不知・誤解、納税者自身が事実を誤認して税法を適用した場合などは、正当な理由に当たらないとされている（法人税過少通達第１の１(1)注）。

　法人税や所得税の更正処分による本税が争われる場合において、各税法の解釈が争点となる場合には、これに併せて、法解釈について納税者が法律を誤解したことに相応の理由があるとして、過少申告加算税に関し「正当な理由」が争われるケースがみられる。

　しかし、次に紹介する判決例のとおり、納税者が単に税法の不知・誤解した場合では「正当な理由」があるとは認めていない。

・税法の不知・誤解は正当な理由に当たらないとした事例

　一つ目は、所得税の事例であるが、譲渡担保の目的とした資産を買い戻した場合にその買戻しに要した金員が当該資産の取得価額を構成するか否かが争われた事例において、原審が原告（筆者注：納税者）の請求を棄却したところ、控訴審において、原判決の適否を争うとともに、過少申告加算税の賦課決定についても、買戻金を取得価額としたのは法的に素人である控訴人（筆者注：納税者）としてやむを得ない事情があるから「正当な理由」がある旨主張した。この主張に対し、控訴審は、次のような法令解釈を示した上で、控訴人の請求を棄却している（東京高裁昭和51年５月24日判決）。

　「右にいう「正当な理由がある場合」とは、例えば、税法の解釈に関して申告当時に公表されていた見解がその後改変されたことに伴い修正申告し、または更正を受けた場合、あるいは災害又は盗難等に関し申告当時損失とすることを相当としたものがその後予期しなかった保険金等の支払を受けあるいは盗難品の返還を受けたため修正申告し、また更正を受けた場合等申告当時適法とみられた申告がその後の事情の変更により納税者の故意過失に基づかずして当該申告額が過少となった場合の如く、当該申告が真にやむを得ない理由によるものであり、かかる納税者に過少申告加算税を賦課することが不当もしくは酷になる場合を指称するものであって、納税者の税法の不知もしくは誤解に基づく場合は、これに当たらないというべきである。」

本判決では、納税者が、自らは税法に精通していないのだから、多少誤った解釈をすることはやむを得ないから正当な理由があると主張したのに対し、裁判所は、過少申告加算税の趣旨等に鑑みて、つまり申告納税制度下における申告納税の適法性や正確性を確保することを目的としているのであるから、単に税法を知らなかった、あるいは税法を誤解していたというだけでは、正当な理由には当たらない旨を明らかにしている。

・税理士が特別償却の適用を誤った事例

二つ目は、法人税の事例であるが、織物の製造販売業を営む原告会社が織物作動能率向上及び品質管理上の必要等から工場内に設置した冷房機が、機械設備として特別償却の対象になるか否かが争われた法人税の事例である。

原告会社は、本件申告においては、専門家の税理士に依頼し、法令等を精査したうえ本件冷房機が織物設備に当たると判断したのであるから、正当な理由がある旨主張したところ、本判決は、前述した裁判例と同様の「正当な理由」の意義を判示するとともに、本件申告において、原告会社が本件冷房機をあえて織物設備に該当すると判断したことにつき真にやむを得ない事情があったと認め得るに足りる証拠はなく、各証拠によれば、被告税務署長管外において原告主張のように取り扱われている実例のあることが認められるとしても、他方、被告税務署管内ではその旨の修正申告を勧奨していることが認められ、なお全体的に判断して真にやむを得ない事情があったとは断じ得ないところである旨判示している（神戸地裁昭和54年8月20日判決）。

本件で原告会社は、税法の専門家が精査した上で本件の特別償却は認められると判断したほどの正否の分かれる問題であるから、納税者が誤って過少申告したことには正当な理由があると主張した。

しかし、本件の事実関係からあえて機械装置としたことにやむを得ない事情があるとする証拠はなく、かつ、他の評価障害事実として、納税者の所轄税務署は本件のようなケースへの修正申告を勧奨していた事実もあることから、総合判断として真にやむを得ない事情があったとは判断できないとしたものである。

Ⅱ　過少申告加算税

ハ　かえり否認

　法人税過少通達には、法人税調査において引当金の過大計上等のケースを踏まえて、いわゆるかえり否認に関して定めている。

> **法人税過少通達**
> **第1　過少申告加算税の取扱い**
> 　（過少申告の場合における正当な理由があると認められる事実）
> 　1…
>
> (2)　調査により引当金等の損金不算入額が法人の計算額より減少したことに伴い、その減少した金額を認容した場合に、翌事業年度においていわゆる洗替計算による引当金等の益金算入額が過少となるためこれを税務計算上否認（いわゆるかえり否認）したこと。

　例えば、前期の当初申告において、貸倒引当金500万円を損金経理したが、税務上の損金算入限度額が400万円であったため100万円は損金不算入額として所得金額の計算上加算して申告していたところ、調査により、掛売りの計上漏れがあって売掛金が増加し、そのことに対応して貸倒引当金の損金算入限度額が増えて440万円となったため、100万円のうち40万円を認容したとする。

　そうすると今期は、前期の引当額を戻入れすることになるため、当初申告において、会計上500万円を益金算入する一方で、申告調整で超過額100万円を減算する調整を行っていたところ、前期で40万円を認容したことで、申告調整により減算する金額が40万円少ない60万円となり、当期の所得金額が40万円増加することになる。

　この場合、当期の所得金額が増加したとしても、納税者自身は故意に当期の貸倒引当金の計算を誤ったものではなく、前期申告の是正結果により反射的に追加本税額が生じたものであるから、このような場合、正当な理由があるものとして取り扱われている。

ニ　法定申告期限後に生じた事情により青色申告の承認が取り消された場合

　所得税過少通達においては、法定申告期限の経過後の事情により青色申告の

承認が取り消されたことで、青色申告の特例制度が否認された場合には、正当理由があることとされている。

> **所得税過少通達**
> **第1　過少申告加算税の取扱い**
> 　（過少申告の場合における正当な理由があると認められる事実）
> 　1 ……
> ⑵ 法定申告期限の経過の時以後に生じた事情により青色申告の承認が取り消されたことで、青色事業専従者給与、青色申告特別控除などが認められないこととなったこと。

　所得税過少通達に定める「法定申告期限の経過の時以後に生じた事情」とは、例えば、税務調査時に帳簿書類等を提示しない事情を想定したものであると考えられる。

　青色申告の承認取消しの理由が法定申告期限後に生じた事情、例えば、税務調査時に帳簿書類を提示しないため取り消されるケースなどでは、青色取消しの反射的効果として、青色申告の特典である青色専従者控除や青色申告特別控除が否認されることになるものの、納税者は、少なくとも法定申告期限までは適法な青色申告の承認の下、青色専従者控除等の適用を受けることができるものとして申告していたものと認められる。

　そのような事情を踏まえ、このような法定申告期限後に生じた事情により青色申告の承認が取り消されたことにより、青色申告の特典が認められなくなって増差所得が生じた場合は、「正当な理由がある場合」に該当するものとして取り扱われている。

　この事例は、法人税過少通達には掲げられていないが、法人税は通常帳簿を記載し、法人税は確定した決算に基づき申告が行われることから、調査時に帳簿や決算書類を提示しないといった事例が少ないことによるものと思われる。

　しかし当然ながら、法人において類似の事例が生じた場合は同様に取り扱われることになると考えられる。

（注）　この取扱いについては、税務非協力による青色申告の否認として、どのようなケースがあるか不明なので、正当理由について判断しようがないという意見もある（品川前掲書78頁）。

Ⅱ 過少申告加算税

審判所平成19年9月7日裁決においても、次のとおり、この取扱いに即して判断している(公表文献なし。国税不服審判所ホームページの裁決要旨より)。

「国税通則法第65条第4項の「正当な理由」が、期限内申告において過少申告がなされたことについての「正当な理由」であること、もっとも、税務実務上、法定申告期限内に同一人から種類を同じくする2以上の申告書が提出された場合には、原則としてそれらのうち最後に提出された申告書をもって正式な申告書と扱うものとして、申告期限内の申告書の訂正が認められていること(所得税基本通達120-4参照)に照らすと、期限内申告において過少申告があったとして更正処分がされた場合において、「正当な理由」の有無の判断を基礎づける「客観的な事情」とは、法定申告期限までの事情をいうと解するのが相当である。そこで本件について検討するに、各年分の所得税の各法定申告期限である平成16年3月15日及び平成17年3月15日の時点においても、財務省令で定めるところによる帳簿書類の備付けが行われていないこと等所得税法第150条第1項各号の青色申告の承認の取消事由はなく、適法に青色申告の承認を受けていたと認められ、かかる事情の下では、当該年分の所得税の各申告において、請求人が青色専従者控除及び青色申告特別控除(以下、これらを併せて「本件各控除」という。)の適用を受けることができるものとして申告し、同控除相当額が所得税額の計算の基礎とされていなかったことについて、真に納税者の責めに帰することのできない客観的な事情があり、過少申告加算税の趣旨に照らしてもなお納税者に過少申告加算税を賦課することが不当又は酷になるというのが相当であるから、本件各控除相当額は、国税通則法第65条第4項にいう「正当な理由」があるものというべきである。」

ホ 誤指導

上記ロのような納税者の税法や事実関係の不知や誤認といった事情だけでは「正当な理由」は認められない。しかし、納税者の誤認が、例えば税務職員の指導などにより生じた場合には、やや事情が異なる。

例えば、所得税の場合は、毎年1か月の確定申告期間において、大多数の納税者が税務署に税務相談に訪れ、税務職員の指導を受ける。それ以外でも、臨時的な所得が発生した場合などは、法人のように顧問税理士などはいないため、

納税者は直接税務署に相談する場合も多い。

　税務相談では、職員と納税者との間で口頭による問答を繰り返すことから、相手方の説明に関して互いに誤解が生じたり、納税者から説明された事実以外にも課税要件を判断するために必要な事実があるにもかかわらず、職員がその事実があるものと思い込み、それを前提に回答することも起こり得るため、結果として、指導内容が誤ってしまうことも生じ得る。

　そのような実務上の事情を考慮して、所得税過少通達では、職員等の誤指導に関する「正当な理由」について定めている。

> **所得税過少通達**
> **第1　過少申告加算税の取扱い**
> （過少申告の場合における正当な理由があると認められる事実）
> 1 …
> (3)　確定申告の納税相談等において、納税者から十分な資料の提出等があったにもかかわらず、税務職員等が納税者に対して誤った指導を行い、納税者がその指導に従ったことにより過少申告となった場合で、かつ、納税者がその指導を信じたことについてやむを得ないと認められる事情があること。

　当該取扱いにおいてポイントとなる点は、①納税者から十分な資料の提出等があったか否か、②誤指導があったかどうか、③納税者がその指導に従ったことにより過少申告となった否か、④納税者が誤指導を信じたことに「やむを得ない事情」があったかどうかである。

　裁判例においても、誤指導があったか、納税者が誤指導を信じたことにやむを得ない事情があったかが争点となる事例が見受けられるが、ほとんどの場合、納税者の「税法の不知又は誤解」によるものであるとして、「正当な理由」が認めらないケースが多い。

　以下、誤指導が争点となった裁判例を解説することとする。
・税務職員の助言・指導の下に収入として申告しなかった事例
　本件では、裁判所の執行官がその職務から受領する手数料及び費用が事業所得に当たるか給与所得に当たるか、執行官が兼務庁勤務を命ぜられた場合の本務庁から兼務庁までの旅費、宿泊費として受領した金員が非課税所得に当た

Ⅱ　過少申告加算税

か否か等が争われた。

　原告（納税者）は、仮に上記の旅費、宿泊費として受領した金員を事業所得の収入金額に計上しない点において誤りがあったとしても、原告は従前毎年の所得税確定申告に際し、帳簿、資料（執行官統計表、同資料には手数料、旅費、宿泊料が明記されている。）を被告係員（税務職員）に提示したうえその指導を受け、その際原告の受けた旅費、宿泊料を収入とする指示がなかったので、その指導に従いそれらを収入に計上しなかったものであり、その指導に従ったことについては原告は善意・無過失であったから、信義則上、本件各更正は違法であり、また、本件過少申告には「正当な理由」があるから本件過少申告加算税賦課決定も違法である旨主張した。

　これに対し、原判決は、信義則の適用は否定し更正処分は適法としたものの、執行官は、確定申告に際して旅費、宿泊料が収入金額を構成するかどうかについて、所轄署に赴き、担当者に当該旅費、宿泊料の記載のある書類を提示したうえで、その助言のもとに申告書を作成提出していたことが認められることから、この旅費、宿泊料について申告しなかったのが執行官の故意ではなく、税務署の担当官の助言のまま収入として申告をしなかったものであることに鑑みると、国税通則法第65条第2項（筆者注：現行通則法65④一）の正当な理由があるものというのが相当であるとして、過少申告加算税の正当理由を認めた（札幌地裁昭和50年6月24日判決）。

　しかし、この原判決に対し控訴審は、執行官は、確定申告における納税相談を受けた際に、執行官の手数料収入は事業所得であり、その受け入れた旅費及び宿泊料も事業所得の収入のうちから実際に支出した額を必要経費として控除して申告をするように行政指導を受けたにもかかわらず、執行官は旅費、宿泊料については非課税であるという自説に固執してこれに応じなかったことが認められ、そのような事情の下においてはその申告に当り、旅費、宿泊料を収入に計上して税額計算をしなかったことにつき国税通則法第65条第2項の正当理由があるということはできない旨判示した（札幌高裁昭和51年9月19日判決）。

　上記の事件では、一審判決は、誤指導の事実を認めたものの、控訴審判決では、誤指導の事実を否定している。

　このように誤指導の事例においては、誤指導の存否や誤指導に至った経緯等

の事実関係が争われ、その事実認定が正当理由の適否を左右する。

　裁判例の判示からは、過少申告加算税が、過少申告による納税義務違反があれば原則課税されるものであり、これによって、当初から適法に申告し納税した納税者との間の客観的不公平の是正を図るものであるから、適正申告した納税者との公平性の観点から総合的に判断しているように思える。

　いずれにしても、納税者としては、税務相談を行った際は、いつ、どこで、誰に、どのような資料を基に、どんな質問をし、どのような回答を得たのか、きちんと記録しておくことが肝要であろう。

・納税相談に従い申告した譲渡費用の額が誤っていた事例
　この裁決事例は、公表事例ではないため、詳しい事実関係は不明であるが、納税者が申告相談担当職員に対して譲渡費用に係る資料を提示した上で譲渡費用となる旨の指導を受け、これに従って申告したところ、後日譲渡費用にはならないとして是正を求められ、併せて過少申告加算税の賦課決定処分を受けたものと認められる。

　国税不服審判所は、「同条（国税通則法65条）第4項にいう正当な理由がある場合とは、例えば、‥‥納税者が正確な資料を提示して税務相談をしたにもかかわらず権限のある税務官署の担当職員が誤った指導をし、当該納税者がこれを信頼してそのとおり申告をしたため過少申告となった場合のように当該申告が真にやむを得ない理由によるものであり、こうした納税申告に過少申告加算税を課すことが不当又は酷となる場合を意味するものであると解するのが相当である。これを本件についてみると、申告相談担当職員は、農地の譲渡に際して土地改良区に支払った土地改良法第42条第2項の規定による決済金に係る領収証を確認しているにもかかわらず、十分な注意を払わず、誤った解釈に基づき、これを譲渡費用の額に算入して譲渡所得の金額を算定していることが認められ、これに基づいて請求人の平成10年分の所得税の確定申告書が提出されている事実が認められる。そうすると、申告相談担当職員が誤った指導を行い、請求人がこれを信頼してそのとおり申告したため過少申告となったと認めるのが相当である」と判断して、過少申告加算税の賦課決定処分を取り消している（審判所平成15年6月30日裁決）。

Ⅱ　過少申告加算税

(4) 正当理由の主張・立証責任

　一般に、課税訴訟においては、主張立証責任は国税当局側にあると解されている。更正処分を例にとると、所得金額・税額の基礎となった収入、経費等の要件事実について国税当局側が立証できなければ、更正処分は取り消されることになる。加算税の賦課決定処分も同様である。

　しかしながら、通則法第65条第4項第1号の正当理由については、同条第1項の例外規定であること及び同条の立法趣旨に照らして納税者側に主張・立証責任があると考えられている。

　例えば、最高裁平成11年6月10日第一小法廷判決は、「相続財産に属する特定の財産を計算の基礎としない相続税の期限内申告書が提出された後に当該財産を計算の基礎とする修正申告書が提出された場合において、当該財産が相続財産に属さないか又は属する可能性が小さいことを客観的に裏付けるに足りる事実を認識して期限内申告書を提出したことを納税者が主張立証したときは、国税通則法65条4項にいう「正当な理由」があるものとして、同項の規定が適用されるものと解すべきである」と、納税者側に主張・立証責任があることを判示している。

3　更正の予知

(1) 適用要件（趣旨等）

　過少申告加算税は、修正申告又は更正があった場合に課されるが、このうち、修正申告があった場合において、その申告が、その国税について調査があったことにより当該国税について更正があるべきことを予知してされたものでないときは、その申告に係る国税についての調査通知がある前に行われたものである限り、過少申告加算税を賦課しないこととされている（通則法65⑤）。

　換言すれば、納税者が調査通知前に自発的に修正申告書を提出してきた場合には、過少申告加算税を免除されることになる。

　これは、たとえ過少申告の事実があったとしても、その後において納税者が自主的に修正申告をしたという場合には、期限までに申告、納付しなかったという責任はともかく、当該納税者が自主的に是正申告、納付したという点では

申告期限内に適正な申告をした者と特に異なるものでないという面に配慮するとともに、同じ納税義務の不履行であっても、これを積極的に是正した者とこれを放置していた者とで加算税の取扱いを異にすることにより、納税者の自発的な是正を促す趣旨から規定されたものと解されている（東京地裁昭和56年7月16日判決、大阪地裁昭和29年12月24日判決参照）。

(2) 調査の意義

通則法第65条第5項は、「修正申告書の提出が、その申告に係る国税についての調査があったことにより当該国税について更正があるべきことを予知してされたものでない場合」と規定されており、その規定振りから、過少申告加算税が免除されるためには、「その申告に係る国税についての調査があったことにより」と「更正があるべきことを予知してされたものでない」という二つの要件を満たす必要があるといわれている。

この前段の「調査があったことにより」の「調査」の意義については特に法律上定義はないことから、同項の趣旨・目的からこれを解釈することになろう。

通則法において「調査」という用語が用いられている例として、同法第24条《更正》においては、納税申告書の課税標準等又は税額等がその調査したところと異なるときに、その調査により更正する旨規定されている。

この「調査」の意義については、「課税標準または税額等を認定するに至る一連の判断過程の一切を意味すると解される。すなわち課税庁の証拠資料の収集、証拠の評価あるいは経験則を通じての要件事実の認定、租税法その他の法令の解釈適用を経て更正処分に至るまでの思考、判断を含むきわめて包括的な概念である」とされている（大阪地裁昭和45年9月22日判決参照）。

すなわち、調査は、納税者等に質問検査権を行使して行うものはもちろんのこと、課税標準等又は税額等を認定するために行う税務署内での準備調査、申告書の審査検討、法定調書等との資料突合、法令解釈等をも含む幅広い概念と捉えている。

また、平成23年度税制改正により、国税通則法第7章の2《国税の調査》の規定（通則法74の2〜74の13）が創設され、調査手続が法定化された。この制度の創設に伴い、国税庁は、平成24年9月12日付課総5－9ほか「国税通則

Ⅱ　過少申告加算税

　法第7章の2（国税の調査）関係通達の制定について（法令解釈通達）」（以下「調査解釈通達」という。）を発遣・公表している。

　この調査解釈通達では、「調査」の意義について、「国税に関する法律の規定に基づき、特定の納税義務者の課税標準等又は税額等を認定する目的その他国税に関する法律に基づく処分を行う目的で当該職員が行う一連の行為（証拠資料の収集、要件事実の認定、法令の解釈適用など）をいう」と定めている（調査解釈通達1－1(1)）。

　これは、上記の通則法第24条の調査の意義とほぼ同義であると考えられる。

　これに対し、通則法第65条第5項にいう「調査があったことにより」というのは、「…納税義務者に対する質問、帳簿調査等の実地調査に着手し、…」と判示し、国税当局内部の調査手続を含まないとも解される裁判例も見受けられる（和歌山地裁昭和50年6月23日判決参照、ただし、本判決は、結論として、種々の事実関係より更正を予知したものと判断している。）。

　しかしながら、上記の他の通則法の条文と同法第65条第5項の規定を別に解する事情もないことから、具体的な臨場調査をしていなくても、例えば、課税庁が、机上調査により申告書の非違が発見し、電話連絡等により指摘したことにより、納税者が、内部調査により非違が発見され、いずれ更正されるであろうことを認識したのであれば、国税当局内部の調査であっても、通則法第65条第5項の「調査」に該当し得ると解すべきであろう（大阪高裁平成2年2月28日判決参照）。

　また、例えば、納税者が査察の内偵調査を察知して修正申告を行ったような場合でも、「調査があったことにより更正があるべきことを予知してされたもの」と認めるのが相当であるとした裁判例（高松高裁平成16年1月15日判決）もあることから、国税査察官による犯則調査もここにいう「調査」に含まれると考えられる。

(3)　更正の予知の時期

　2つ目の要件として、更正の予知の時期、すなわちいつの時点で、「更正があるべきことを予知してされた」と考えるべきかが問題となる。

　この点、裁判例や学説には様々なものがある。

一般的な学説によれば、次の3つの見解があるといわれている。(品川芳宣著「附帯税の事例研究 第四版」175頁（財経詳報社刊))。
イ　具体額発見説……調査により脱漏所得が発見された後に出された修正申告
ロ　調査開始説……調査後に出された修正申告
ハ　客観的確実性説……調査により脱漏所得を発見するに足るかあるいはその端緒となる資料が発見され、更正に至るであろうことが客観的に相当程度の確実性をもって認められる段階に達した後に、納税者が更正に至るべきことを認識したうえで修正申告を決意して出した修正申告

上記イの具体額発見説については、調査において所得金額等の脱漏に関する端緒を把握しそれを解明する段階であっても、納税者はいずれは更正されることを予知することができるにもかかわらず、所得金額ないし税額の脱漏が具体的に把握される前に修正申告を提出さえすれば、加算税の賦課を免れ得ることになり、通則法第65条の趣旨に反することになるとの批判がある。

また、上記ロの調査着手説については、「文理上、右条項（筆者注：通則法65条5項）は調査着手以前に申告書が提出された場合を問題とするものではなく、調査着手後に提出された場合にその適用の有無を問題としているものであることは明白である。従って、調査着手後の提出はすべて予知してされたものであると解するのは、明らかに右の文理に反する」（東京高裁昭和61年6月23日判決）との裁判例もあり、調査着手後に納税者から修正申告の申出があった場合に、単にそれ以前に調査が行われていることのみをもって通則法第65条第5項の規定の適用なしとすると、自発的な是正措置の奨励という制度の趣旨が生かされないとの批判がある。

これに対し、上記ハの客観的確実性説は、修正申告書の提出が「調査があったことにより…更正があるべきことを予知してされたものでないとき」というのは、税務職員がその申告に係る国税についての調査に着手してその申告が不適正であることを発見するに足るか、あるいはその端緒となる資料を発見し、これによりその後調査が進行し先の申告が不適正で申告漏れの存することが発覚し、更正に至るであろうということが客観的に相当程度の確実性をもって認められる段階に達した後に、納税者がやがて更正に至るべきことを認識した上で修正申告を決意して修正申告書を提出したものでないこと、言い換えれば、

Ⅱ　過少申告加算税

上記の事実を認識する以前に自ら進んで修正申告を決意して修正申告書を提出することを必要とし、かつ、それをもって足りると解するものである。

　これは、通則法第65条第5項の文理に沿うとされており、下級審裁判例の大勢はこの考え方を規範として採用しているように見受けられる（東京地裁昭和56年7月16日判決、その控訴審東京高裁昭和61年6月23日判決、東京地裁平成14年1月22日判決、その控訴審東京高裁平成14年9月17日判決、東京地裁平成24年9月25日判決など）。

　ただ、調査があったことによって納税者が更正の予知に至る具体的な事情は千差万別であり、更正の予知は納税者の内心の問題であることからすると、実務上の判断基準として一律に客観的確実性説が妥当といえるかについてはやや疑問が残るところである。

　前述の品川芳宣教授は、その著書において、納税者にとって調査の進展過程で調査官が脱漏所得を発見したか否か、あるいはその端緒となる資料を発見したか否かを常に知り得ることではない等と指摘し、「課税の実務においては、調査開始後に提出された修正申告書については、特段の事情のない限り、当該納税者が更正があるべきことを予知して提出したものと推定せざるを得ない」と述べられている（品川前掲書176頁）。

　加えて、「客観的確実性説が国税通則法第65条5項の文理解釈に最も適うものと解されるが、同説は、前述したように、『特段の事情』を厳格（正確）に解すると、調査過程における時間的位置付けとしては調査開始説に限りなく近づくことになるものと解される。」とも述べられている（品川前掲書178頁）。

　また、通則法の立法担当者等による著書（志場喜徳郎ほか著「国税通則法精解（平成28年改訂）」747頁（大蔵財務協会刊））では、「この『予知してされたもの』とは、納税者に対する当該国税に関する実地又は呼出等の具体的調査がされた後にされた修正申告をいう」とされ、調査開始を基調とした説明がなされていると思われる。

　さらに、最高裁昭和51年12月9日第一小法廷判決では、調査開始後に提出された修正申告書について加算税賦課を認めており、この最高裁判決は、調査開始説（調査着手説ともいう）を採るものと理解されている（品川前掲書170頁、酒井克彦著「附帯税の理論と実務」138頁（ぎょうせい））。

このようなことから、後述するとおり、実務上は、調査開始後に提出された修正申告書については、原則として納税者が更正があるべきことを予知して提出したものとして取り扱っているところである。

(4) 実務における「更正の予知」
イ 法人税過少通達上の取扱い
この項では、実務上、更正の予知はどのように取り扱われているかを、法人税過少通達に基づいて説明していきたい。

法人税過少通達第1の2は、「修正申告書の提出が更正があるべきことを予知してされたと認められる場合」について、次のように定めている。

> 第1 過少申告加算税の取扱い
> 2 通則法第65条第1項又は第5項の規定を適用する場合において、その法人に対する臨場調査、その法人の取引先の反面調査又はその法人の申告の内容を検討した上での非違事項の指摘等により、当該法人が調査のあったことを了知したと認められた後に修正申告書が提出された場合の当該修正申告書の提出は、原則として、同項に規定する「更正があるべきことを予知してされたもの」に該当する。
> (注) 臨場のための日時の連絡を行った段階で修正申告書が提出された場合には、原則として「更正があるべきことを予知してされたもの」に該当しない。

この取扱いは、納税者が「調査のあったことを了知したと認められた後」は原則更正の予知があったものとして取り扱う、すなわち上記(3)で説明した調査開始説（調査着手説）に近い立場に立っているものと理解してよいと思われる。また、前述の最高裁昭和51年12月9日第一小法廷判決にも準拠するものである。

実際の税務調査では、申告内容に関係する帳簿書類や証票類の確認や取引内容の事実確認や検証を繰り返し、それを積み重ねることによって徐々に申告漏れとの心証を得ることが多い。そして調査結果の説明が行われるのは調査終了時である（通則法74の11②）。その過程の中で、客観的確実性説にいう「更正に至るであろうことが客観的に相当程度の確実性をもって認められる段階に達した」かどうか、あるいは調査官が申告漏れの端緒を把握したのはいつの時点か、について客観的に限定することは困難であろう。

Ⅱ　過少申告加算税

　さらにいえば、納税者が更正を予知したかどうかは、そもそもは納税者の主観・内心に関わる事柄と考えられ、国税当局がこれを推測して的確に判断することは相当な困難を伴う。

　そこで、調査があったかどうかは納税者が認識しやすいこと、自らの申告内容を熟知している納税者にとっては調査開始（着手）があればいずれ国税当局から申告漏れの指摘を受けると考える（更正の予知がある）との見方もできること、納税者間の公平の観点からも更正の予知について客観的かつ統一した取扱いを行う必要があること等を考慮し、国税当局のスタンスとして、納税者が調査のあったことを了知した後の修正申告等の提出は、原則更正の予知があったものとして取り扱っていると思われる。

　そして、更正の予知の時期をこのように取り扱うからには、その調査は、納税者が自分自身に調査があったと了知（認識）されるものでなければならない。

　前述のとおり、調査そのものは相当幅広い概念であるが、たとえ申告書の審査検討等の調査が署内で行われていたとしても、それは税務署内部での調査にすぎず、納税者がこれを了知することは困難である。このため、例えば、税務署内部で法人の申告書の内容を検討した結果非違を発見した場合は、当該法人にその非違事項を指摘することで、更正の予知があったものとする旨定めている。

　実務上、ややもすると、更正の予知をあたかも調査の予知と誤解（調査が行われることを予知して提出された修正申告は加算税が賦課されるといった誤解）されることがある。しかし、文理上も、「調査があった」ことは必須であり、しかも更正の予知における「調査」は、国税当局の通達によっても、納税者によって了知（認識）されるものでなければならない。

ロ　更正の予知の例示

　法人税過少通達では、納税者が調査のあったことを了知したと認められるケースとして、臨場調査、反面調査、非違事項の指摘の3つが例示されているので、それぞれの例示について見てみよう。

(イ)　臨場調査

　「臨場調査」は、納税者が調査のあったことを了知する最も明確なものであ

ろう。とりわけ調査手続が法定化された現状においては、臨場調査（実地の調査）については、質問検査を行う旨、調査開始日、対象税目、対象期間等といった事項について事前通知が原則行われており（通則法74の9）、また、事前通知をせずに行う実地の調査（通則法74の10）の場合でも、臨場後速やかに、納税者に対して事前通知と同様の事項を説明するよう通達で運用されていることから、調査があったことはさらに明確なものとなっている。

(ロ) 反面調査

「その法人の取引先の反面調査」は、反面調査した取引先からの連絡等によって納税者が自身の調査が行われていることを了知するケースが想定されている。取引先にはもちろん、銀行等が含まれる。実際の税務調査の手法として取引先を先行して調査（反面調査）する場合があり、また、事前通知をせずに納税者と取引先の同時並行して調査着手する予定であったが、納税者が不在等で連絡もとれずに反面調査が先行する場合もある（反面調査はその旨を取引先に明示した上で行われる。）。

ただ、反面調査が行われていることを知らずにたまたま修正申告書を提出した場合には、更正の予知があったとはされないだろう（この場合は納税者が立証する必要がある。）。また、同業者に対して一斉調査が行われていることを知った納税者が、いずれ自分自身に税務調査が及ぶことを予測して提出した修正申告書も、それだけでは納税者が調査のあったことを了知したとはいえず、更正の予知があったとはされないであろう。

(ハ) 非違事項の指摘

「非違事項の指摘」は、申告書内容を検討した上でのものである。「申告書内容の検討」そのものは税務署の内部調査であるが、これによって申告書計算誤り等を把握し納税者に対して非違事項の指摘をした場合には、その時点で調査があったことを納税者が了知することになる。

また、仮に国税当局から非違事項の指摘を受けて提出した修正申告書について加算税賦課を免除することになれば、納税者による自発的な修正申告を奨励するという更正の予知の規定の趣旨にも合致しないと思われる。ただ、後述するように、実務上は行政指導の中で申告書計算誤り等の是正処理が行われ、調査としての非違事項の指摘は、ほとんど行われていないと思われる。

Ⅱ　過少申告加算税

　以上は、通達で挙げられている例示である。「原則として」とされているから、例示のケースでも若干の例外がないわけではないだろう。しかし、最も重要なことは、実務上は、納税者が「調査のあったことを了知したと認められた」かどうかを、その判断基準としているということである。

(注)　高松高裁平成16年1月15日判決は、「過少申告が単純な計算間違いや税法解釈の誤りなどに基づくような場合には、行われていた調査の具体的な内容が明らかにならなければ…更正…を予知したと推認することはできない。しかし、隠ぺい・仮装行為によって意図的に脱税行為を行っている納税者の場合は、自己に対する調査の存在自体を察知しさえすれば、その具体的な内容や程度までは明らかでなくとも、やがて調査が進展して更正に至るであろうことを容易に予知することができる」と判示している。

　　つまり、納税者が更正の予知に至る具体的な事情は千差万別であることからすれば、単純な計算間違いや会計処理の勘違いなどを調査着手後に修正申告した場合には、調査の具体的な内容や程度と自らが自主的に修正に至った事実関係を納税者が立証することで更正を予知して提出されたと推認できない場合があり得るが、納税者が隠蔽・仮装行為を行っている場合には、調査があったことを了知したことでやがて更正があることを予知することができると解しているのである。

　ここまで法人税過少通達を基に説明してきたが、国税庁では、このほかにも申告所得税、相続税、消費税といった税目ごとに加算税通達を発遣している。そして法人税以外の税目についても、法人税過少通達における更正の予知とほぼ同様の内容を定めている。

ハ　更正の予知がないとされるケース

　法人税過少通達では、更正の予知がないとされるケースも例示されており、この点も重要である。すなわち、「臨場のための日時の連絡を行った段階で修正申告書が提出された場合には、原則として『更正があるべきことを予知してされたもの』に該当しない。」と定めている（法人税過少通達第1の2注書）。

　法定化された現行の調査手続では、実地の調査を行う場合には原則事前通知が行われるが（通則法74の9）、事前通知を行っただけでは、原則更正の予知がない、としているのである。

　実地の調査の事前通知を行うまでに、国税当局では、申告書の内容や各種資料情報の精査検討、調査項目抽出の準備調査等の内部調査が通常行われる。ま

た、料飲業などの調査に当たっては事前に店舗を訪れ、席数や客数、単価、レジ伝票の状況等を把握する内観調査（内偵調査ともいう。）が行われる場合もある。

　これらの調査段階では通常納税者は調査が行われていることを了知できないだろう。

　もちろん個別事例の事実関係によっては、内部調査の段階であっても何らかの事情で納税者が自身に調査が行われていることを事前に察知し、事前通知だけで納税者が「調査があった」と了知できるケースがあるかもしれない。

　しかし、現行の調査手続では、通常「実地の調査を開始する日」（通則法74の9①一）等を事前通知することから、その開始日（臨場初日）までは、納税者が自身について「調査があった」とは了知していない、とみることが常識的であろう。

　こうしたことから、実務上は、事前通知があっただけでは、原則更正の予知がない、と取り扱われている。

　なお、平成28年度税制改正において、調査に係る事前通知（正確には「調査通知」というやや異なるもの）から更正の予知までの間に提出された修正申告書について、原則5％の過少申告加算税を新たに賦課することとされた。この改正は、事前通知だけでは原則更正の予知に該当しないとする上記実務上の取扱いを前提にしたものと考えられ、実務上の取扱いを法律上も確認したといえる。

(5)　調査と行政指導
イ　税務執行における行政指導

　更正の予知に関して、主に実地の調査を前提にこれまで説明してきたが、実地の調査以外の税務執行が実際にどのように行われ、これに伴って更正の予知がどのように取り扱われているか、理解しておくことも実務上重要である。

　例えば、国税当局が提出された申告書の計算内容、記載内容等に誤りがあるのではないかと考えた場合、実際の国税当局から納税者への働きかけは、「申告書に計算誤りがあると思われるので、見直してほしい（確認してほしい）」といったように、見直し要請・確認要請といった「行政指導」の形式で行われ

Ⅱ　過少申告加算税

ることがある。

　行政指導とは、一般に、行政機関が、法律上の根拠に基づくことなく、業界や私人などに対して助言や指導を行い、相手の同意や自発的な協力を得て所期の目的を達することをいう。

　行政指導により納税者から提出された修正申告書は、納税者が自発的に提出したもので更正があることを予知したものとはいえないことから、加算税は賦課されないことになる。

　申告書の比較的軽微な誤り等について、納税者に対して調査、行政指導のいずれで対応するかは、国税当局の行政スタンスによるともいえるが、現状は、まずは行政指導による対応が行われて修正申告又は更正の請求が促され、行政指導で対応できない場合に次の段階として調査に移行している。

　このように、行政指導による税務執行が広く行われているのは、国税当局としては、申告納税制度の維持・発展のため、納税者によって納税義務が自発的に履行されるようにすることが重要と考えている、というのが一番大きな理由であろう。申告に誤りがあれば、納税者自身にできる限り是正してもらう、というスタンスである。

　また一方において、国税当局としては、限られた定員や機構の下で、多くの事務日数を要する税務調査は、高額・悪質、富裕層、国際、無申告、消費税といった真に調査が必要な重点分野にできる限り充てていきたい、ということもあると思われる。

　このため、効率的な事務運営等も勘案し、行政指導で対応できる事務はできる限り行政指導で対応しようとしている。

□　調査と行政指導の区分

　上記のような行政指導による税務執行は、平成23年度税制改正で調査手続が法定化されたことを契機に、さらに積極的に進められていると思われる。

　平成23年度税制改正において、事前通知、調査結果説明、修正申告勧奨、申告是認通知書の発送（交付）、不利益処分の理由附記、再調査等の調査手続が法定化され、平成25年1月から施行されている。

　この改正は、改正前から国税庁の運用方針により行われていた調査手続を大

きく変更するものではなかったが、法定化された調査手続の的確な履行やその履行検証に相当な事務コストを要していることも事実である（例えば、法人税の調査件数は改正前後で年間129千件から91千件に約30％減少し、いわゆる実調率は約3％に低下）。国税当局も、調査手続に係る法令遵守（コンプライアンス維持）に相当なコストを払っているともいえよう。

通則法上の調査は、前述の(2)のとおり、実地の調査だけではなく、署内調査などを含む幅広い概念である。そして、法定化された調査手続においては、実地の調査以外の調査についても、調査結果説明、修正申告勧奨等の手続を義務付けており、その適正な履行が求められている。

調査手続法定化後、国税庁は、行政指導について、「『調査』に該当しない行為」として、その意義を明確化している（調査解釈通達1－2）。

すなわち、「次に掲げる行為のように、特定の納税義務者の課税標準等又は税額等を認定する目的で行う行為に至らないものは、調査には該当しない」とし、その行為の例示の1つに、「当該職員が保有している情報又は提出された納税申告書の検算その他の形式的な審査の結果に照らして、提出された納税申告書に計算誤り、転記誤り又は記載漏れ等があるのではないかと思料される場合において、納税義務者に対して自発的な見直しを要請した上で、必要に応じて修正申告書又は更正の請求書の自発的な提出を要請する行為」を掲げている。またこのほかにも、多くの行為が調査に該当しない行為（行政指導）として例示されている。

従前、国税当局では調査・行政指導の区分はあったものの、特に実地の調査以外の事務については、調査か行政指導かの区分を明確に意識して行うことは必ずしも多くなかったと思われるが、行政指導の意義等を定めた通達によって、事務の適正性・透明性等が確保されたということになる。

また、平成24年9月12日付課総5－11ほか「調査手続の実施に当たっての基本的な考え方等について（事務運営指針）」（以下「調査運営通達」という。）の第2章の1では、「納税義務者等に対し調査又は行政指導に当たる行為を行う際は、対面、電話、書面等の態様を問わず、いずれの事務として行うかを明示した上で、それぞれの行為を法令等に基づき適正に行う。」と定め、調査・行政指導の区分を納税者に明示して事務を行うことを明確にしている。

Ⅱ 過少申告加算税

　この行政指導は、その態様として、通達に示されている対面、電話、書面等のほか、来署依頼や事業所等への臨場などによるものもある。一方、調査も、対面、電話、書面、来署依頼、臨場等の態様があるが、いずれにせよ、態様のいかんを問わず、調査か行政指導かの区分は口頭、文書等によって国税当局から明示される（納税者は了知できる）、ということが重要である。
　このような通達発遣は、法定化された調査手続の的確な履行や、事務の適正性・透明性や納税者の予測可能性を確保しようとするものである。

■ 通達における事務区分とその意義

【調査】
国税に関する法律の規定に基づき、特定の納税義務者の課税標準等又は税額等を認定する目的その他国税に関する法律に基づく処分を行う目的で当該職員が行う一連の行為（証拠資料の収集、要件事実の認定、法令の解釈適用など）

【実地の調査】
当該職員が納税義務者の支配・管理する場所（事業所等）に臨場して質問検査等を行うもの

【実地の調査以外の調査】

【行政指導】
特定の納税義務者の課税標準等又は税額等を認定する目的で行う行為に至らないもの

　さらに、調査解釈通達では、調査に該当しない行為（行政指導）のみに起因して提出された修正申告書は、更正を予知してなされたものには当たらない（過少申告加算税を賦課しない）旨を定めている（調査解釈通達１－２）。これは調査が行われていない（納税者が調査のあったことを了知したとはいえない）から、いわば当然ともいえよう。
　一方、調査であることが明示されて開始（着手）されれば、これまで述べてきたとおり、納税者が調査のあったことを了知した（原則更正を予知した）ものに当たり、実務上は、過少申告加算税が賦課されることになる。
　このように、実務上は、調査か行政指導かの事務区分が納税者に明示されて事務が行われ、また結果的に加算税の取扱いも明確化されていると思われる。

八　行政指導による事務

　いくつかの事務を例に、行政指導などが実務上どのように行われているか紹介しよう。

(イ)　申告書の計算誤り等（事後処理等）

　申告書の計算誤り等があると思われるケースについて、所得税における事後処理事務を例にとる。

　所得税確定申告書の審査検算等の結果、所得金額・税額の計算誤り、各種所得控除の適用誤り、証明書の添付漏れ等、その計算に誤り等があると思われる場合には、納税者（関与税理士を含み、既に実地の調査の対象選定されている者を除く。）に対して、電話や文書等で、行政指導であることを明示した上で、計算見直し等の依頼が行われる（見直し依頼に際して具体的な項目・金額が示されることがある。）。

　また、納税者が計算誤り等を確認できれば修正申告書の提出（又は更正の請求の提出）を依頼し、提出された修正申告書は納税者の自発的なもの（加算税免除）として扱われる。

　ただし、納税者の自発的な見直しや修正申告書提出等が行われない場合、更正処理を要する場合等は、「調査」であることを電話や文書等で明示（実務上は調査宣言とも称される。）し、調査（通常は実地の調査以外の調査）に移行して処理が行われる。また、事業所得者等で帳簿提示を求める必要がある場合（質問検査権行使が必要な場合）等についても、調査であることを明示して処理が行われる。

　なお、法人税における申告書・別表の計算誤り等についても、その事務処理はほぼ同様である。

(ロ)　法人税の無申告実態確認

　法定申告期限までに申告書が提出されない場合、期限後申告書の提出又は決定により納付すべき税額に対して原則15％の無申告加算税が賦課されるが、期限後申告書の提出が「決定の予知」をしたものでない場合には、無申告加算税は原則5％に軽減される（通則法66①⑥）。そしてこの「決定の予知」は、「更正の予知」と実務上の取扱いは同じである。

　法人税の場合、清算結了等で法人が消滅しない限り、申告書の提出が義務付

Ⅱ 過少申告加算税

けられている。しかし、国税庁が公表した平成25年事務年度事務事績によると、法人数3,007千件に対して申告件数は2,771千件であり、実際には、債務超過、倒産、代表者の死亡や所在不明等による休業・事業廃止等、無申告も相当数ある。また、このような無申告は、所得計算等を行っても欠損金額又はゼロとなり、納付すべき税額が生じないものがほとんどである。国税当局としては、申告義務がある以上、無申告の法人の実態を把握しなければならないが、そのための業務は、税務執行上、的確で効率的な処理が求められる事務の一つといえよう。

　法人税の無申告が認められる場合、(イ)と同様、通常、行政指導によりその対応が行われる。電話、文書、臨場等により、行政指導であることを明示した上、申告書提出の有無、事業活動の状況等の実態の確認を行うとともに、期限後申告書の提出依頼を行う。実務上は、無申告実態確認などと称されるが、この行政指導によって提出された期限後申告書は、納税者が調査のあったことを了知したとはいえない（決定の予知がない）ことになり、無申告加算税が原則5％に軽減されることになる。

　ただし、自発的な期限後申告書提出等が行われない場合や、決定を要する場合、質問検査権を行使しなければ所得計算ができない場合等については、「調査」であることを明示し、調査に移行して処理が行われる。また、資料情報や過去の調査状況等からみて法人の事業活動が行われており納付税額も生ずると認められる場合（稼働しているにもかかわらず無申告が常態となっているような場合）には、行政指導を経ることなく、調査であることを明示して処理が行われる。

　以上見てきたように、実務上は行政指導によって、納税者による自発的な納税義務履行が幅広く促されている。

(6) 書面添付制度における意見聴取との関係

　税理士法第33条の2に規定する書面添付制度は、税理士又は税理士法人が自ら作成した申告書等について、その申告書作成に関して、計算・整理し、又は相談に応じた事項等を記載した書面を、当該申告書に添付することができる、というものである。

書面添付制度は、税理士等が作成した申告書について、それが税務の専門家の立場からどのように調製されたかを明らかにすることにより正確な申告書の作成及び提出に資するとともに、国税当局が税務の専門家である税理士等の立場をより尊重し、税務執行の一層の円滑化・簡素化に資するとの趣旨によるものと理解されている。そして、国税当局及び税理士会双方の立場から、この制度の普及・定着が図られている。

　納税者に対して実地の調査を行う場合には原則事前通知が行われるが（通則法74の9①）、この書面添付がなされた申告書を提出した納税者に対して事前通知を行う場合には、その事前通知を行う前に、国税当局は、書面を添付した税理士に対して意見を述べる機会を与えること（意見聴取を行うこと）が法律上義務付けられている（税理士法35①）。

　意見聴取は、調査を行うかどうかを判断する前に、その疑問点を解明する等の目的で行われ、この意見聴取の質疑等によって申告誤り等が判明し修正申告書が提出された場合には、その提出は更正があるべきことを予知してされたものには該当せず、加算税は賦課されないこととされている（平成21年4月1日付課法4-11ほか「法人課税部門における書面添付制度の運用に当たっての基本的な考え方及び事務手続等について（事務運営指針）」第2章第2節の3参照）。

　申告書に計算誤りや税法適用誤り等があると思われる場合、実際の意見聴取においては、自発的な見直しや確認を要請する形（行政指導の1つとして）で行われている。また、意見聴取は事前通知の前に行われる手続であって、その位置付けとしては、少なくとも調査手続ではないことは明らかである（意見聴取の結果、実地の調査に移行しないこともあり得る。）。

　このため、意見聴取によって修正申告書が提出された場合、更正の予知がないもの（納税者の自発的なもの）となり、加算税は賦課されないことになる。

(7) 更正予知の主張・立証責任

　一般の課税訴訟の主張・立証責任については、前記Ⅰの**4**の(2)で述べたとおり、主張・立証責任は国税当局側にあると解されており、過少申告加算税を賦課する場合の主張・立証責任も国税当局側にある。

Ⅱ　過少申告加算税

しかしながら、「更正の予知がなかった」ことの主張・立証責任は、納税者側にあると解されている。これは、過少申告加算税は追加本税額があればいわば当然に賦課されるものであるから、例外的に加算税を賦課しないとした規定の趣旨からすれば、調査により更正があるべきことを予知して修正申告がされたものでないことの主張・立証責任は納税者側にある、という考え方によるものである（東京地裁昭和56年7月16日判決参照）。

4　調査通知後の5％賦課（平成28年度改正）

(1)　改正の趣旨等

平成28年度税制改正において、加算税制度について何点かの改正が行われた。その改正点の中で、更正の予知に関するものとして、次のような改正が行われている（通則法65①②⑤、通則令27③）。

> （改正要旨）
> 　調査対象税目、調査対象期間及び実地の調査において質問検査等を行う旨（事前通知を要しない場合には実地の調査を行う旨）の通知以後、かつ、その調査があったことにより更正があるべきことを予知（更正の予知）する前にされた修正申告に基づく過少申告加算税の割合（改正前：0％）については、5％（期限内申告税額と50万円のいずれか多い額を超える部分は10％）とする。

改正前は、更正の予知がある前に提出された修正申告書については過少申告加算税が賦課されなかった（免除されていた）ところ、改正後は、更正の予知がある前に提出された修正申告書であっても、所定の調査通知以後に提出されたものである場合には、新たに原則5％の過少申告加算税の賦課を行うこととされた。

法律上では、修正申告書の提出が、その申告に係る国税についての調査があったことにより当該国税について更正があるべきことを予知してされたものでないときは、原則5％の過少申告加算税を賦課するが（通則法65①）、その申告に係る国税についての調査に係る通則法第74条の9第1項第4号及び第5号に掲げる事項その他政令で定める事項の通知（以下「調査通知」という。）がある前に行われたものであるときは、その5％も賦課をしない（つまり加算

4 調査通知後の5％賦課（平成28年度改正）

税を免除する）という条文構成になっている（通則法65⑤）。

なお、無申告加算税についても、上記と同様に、調査に係る事前通知から決定の予知までの間は、原則10％（改正前：5％）の割合とする改正が行われたが（通則法66①）、源泉所得税に係る不納付加算税についてはこのような改正は行われていない。

これらの改正は、いずれも、平成29年1月1日以後に法定申告期限等が到来する国税について適用される（平28改正法附則54③）。

【修正申告書の提出時期と賦課割合】

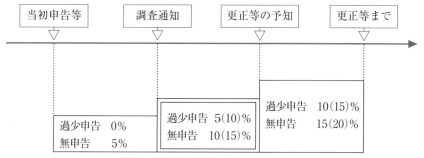

(注) かっこ書は、二段階制の部分に係る割合。

平成25年1月以降、法定化された調査手続規定に基づき、実地の調査（国税の調査のうち、当該職員が納税義務者の支配・管理する場所（事業所等）等に臨場して質問検査等を行うものをいう。以下同じ。）については、納税者（税務代理人を含む。）に対して事前通知が原則行われている（通則法74の9①）。今回の改正は、この事前通知の直後に多額の修正申告等を行うことにより（更正の予知がないとして）、加算税の賦課を回避している事例が散見されたことが背景にあったという趣旨説明がなされている（財務省ホームページ「平成28年度税制改正の解説」873頁参照）。

当初申告のコンプライアンスを高める観点から行われた今回の改正は、自身の申告が過少申告であることを知っている納税者が事前通知を受けてから修正申告書を提出する、あるいはあえて過少申告をしておいて事前通知を受けてから修正申告書を提出する、といった不誠実・悪質な行為を抑制するものであり、

Ⅱ　過少申告加算税

加算税制度の趣旨に沿うものであろう。

　なお、実地の調査であっても、国税当局が保有する情報等から、事前通知を行うことにより正確な事実の把握を困難にする、又は調査の適正な遂行に支障を及ぼすおそれがあると認められる場合には、法令上事前通知を要しない（通則法74の10）こととされている。また、実地の調査以外の調査についても、事前通知を行うことが法律上義務付けられておらず（通則法74の9①）、これらの調査は実務上、いわゆる事前通知は行われていない。この場合は、実地の調査の際に調査通知の項目を説明した以後に更正等を予知しない修正申告書が提出されたときに５％の賦課割合となる。

(注)　事前通知を行うことなく実地の調査を実施する場合には、実務上、臨場後速やかに、調査対象科目、調査対象期間、実地調査を行う旨等を納税者に説明することが調査運営通達に定められている。実務上、納税者に対する臨場調査により、納税者が調査のあったことを了知した後に提出された修正申告書は、原則として「更正があるべきことを予知してされたもの」に該当するとされていることから、事前通知なしで実地の調査が行われる場合は、原則として10％の過少申告加算税が賦課されるものと考えられる。

(2)　**実務上の取扱い**

　通則法第65条第５項に規定する調査通知を行う場合の同項の規定の適用については、次の点に留意しなければならない。前記(1)でも説明したとおり、法律上、更正を予知しないで提出された修正申告は原則５％の過少申告加算税が賦課されるところ、通則法第65条第５項の規定は、調査通知前に更正を予知しない修正申告が提出された場合はその５％も賦課しない、つまり加算税を免除する旨を規定している。以下の説明の中で、「通則法第65条第５項の適用はない」というのは５％の過少申告加算税が賦課されるということである。

　イ　調査通知とは、事前通知の項目のうち、①調査の対象となる税目（通則法74の9①四）、②調査の対象となる期間（通則法74の9①五）及び③事前通知を行う場合の実地の調査において質問検査等を行わせる旨（通則法74の9①）又は事前通知を要しない場合（通則法74の10）において実地に調査を行う旨の事項の通知の３項目の通知をいう（通則法65⑤、通則令27③）。

　　このように調査通知は、対象税目、対象期間及び実地の調査を行う旨の通

4 調査通知後の5％賦課（平成28年度改正）

知であるから、例えば、通則法第74条の9第1項に定める事前通知を行う前に、納税者の都合を聞いて調査開始日時の調整を行っているときであっても、その時点で調査通知にある3項目を伝えていれば、その後に修正申告書が提出された場合は、5％の過少申告加算税が賦課されることになる。

ロ 通則法65条第5項の規定は、調査通知がある前までに修正申告書が提出された場合であるから、納税義務者に対して、又は納税義務者が自身に代えて税務代理人に対して事前通知を行うことに同意している場合（通則法74の9⑤⑥、通則規11の3①②）には、納税義務者若しくは税務代理人に対して調査通知を行った時点からは適用されないこととなる（法人税過少通達第1の3⑴）。

なお、同意のある税務代理人が数人ある場合には、いずれかの税務代理人に対して調査通知を行った時点から、通則法第65条第5項の規定の適用はない。なお、通則法第74条の9第6項に規定する代表する税務代理人を定めた場合はその税務代理人への調査通知を行った時点からとなる。

ハ 調査通知が行われた後に修正申告書の提出があった場合には、その調査通知に係る実地の調査が行われたか否かにかかわらず、通則法第65条第5項の規定の適用はない（法人税過少通達第1の3⑵）。

例えば、調査通知が行われた後に、納税者が来署して署内での調査を行った後に修正申告書が提出された場合は、納税者の事業所へ臨場していなくても5％の過少申告加算税が賦課される。

ただし、5％賦課の対象となるのは、調査通知を行った税目・期間に限られるため、調査通知を行っていない税目又は期間に係る修正申告等については、通則法第65条第5項の規定の適用がある。

ニ 調査通知後の修正申告書の提出が、次に掲げる場合には、調査通知がある前に行われたものとして取り扱われる（法人税過少通達第1の3⑶）。

(イ) 当該調査通知に係る調査について、通則法第74条の11第1項の通知をした後又は同条第2項の調査結果の内容に基づき納税義務者から修正申告書が提出された後若しくは通則法第29条第1項に規定する更正若しくは通則法第32条第5項に規定する賦課決定をした後に修正申告書が提出された場合。

(ロ) 納税義務者の事前の同意の上、同一事業年度の法人税の調査について、移

Ⅱ　過少申告加算税

転価格調査とそれ以外の部分の調査に区分する場合で、当該調査通知に係る調査の対象としなかった部分に係る修正申告書が提出された場合。

　ただし、当該修正申告書に当該調査通知に係る調査の対象としている部分が含まれる場合には、当該調査通知に係る調査の対象としている部分は、調査通知がある前に行われたものとして取り扱わない。

㈧　事前確認（平成13年６月１日付査調７－１ほか３課共同「移転価格事務運営要領の制定について」（事務運営指針）又は平成28年６月28日付査調７－１ほか３課共同「恒久的施設帰属所得に係る所得に関する調査等に係る事務運営要領の制定について」（事務運営指針）に定める事前確認をいう。）の内容に適合させるための修正申告書が提出された場合。

　ただし、当該修正申告書に当該事前確認の内容に適合させるための部分以外の部分が含まれる場合には、当該事前確認の内容に適合させるための部分以外の部分は、調査通知がある前に行われたものとして取り扱わない。

㈣　当該修正申告書が、例えば、消費税及び地方消費税について更正の請求に基づく減額更正が行われたことに伴い提出された場合。

　ただし、当該修正申告書に当該減額更正に係る部分以外の部分が含まれる場合には、当該減額更正に係る部分以外の部分は、調査通知がある前に行われたものとして取り扱われない。

　上記㈩について若干敷衍すると、現行の法人税の調査実務では、納税者の事前の同意がある場合には、法人税調査を「移転価格調査」と「それ以外の部分の調査」に区分して別々の調査として実施するという運用が行われている。これは、移転価格調査は通常長期間にわたることが多いこと等の理由から、１つの納税義務ではあるものの、納税者の負担軽減策のため、調査を区分して別々の調査として実施しようというものである。

　この納税者の区分の同意を得て、例えば、「移転価格調査」を行うため事前通知を行った後、移転価格以外の部分に関して修正申告書が提出されたとしても、移転価格以外の部分について調査及び事前通知は行われていないため、平成28年度税制改正後においても、この修正申告について過少申告加算税は賦課されないことになるということであろう。また、このことは、連結納税の調査において、複数の連結子法人のうちの一部を調査対象として事前通知を行った

4　調査通知後の5％賦課（平成28年度改正）

場合に、調査対象以外の連結子法人に関して修正申告書が提出されたときも、同様である（連結過少通達第1の3⑶③）。

ホ　上記ニの(ロ)から(ニ)までのただし書の取扱いがある場合には、調査通知がある前に行われたものとして取り扱う部分とそれ以外の部分が生じることから、通則法第65条第1項に規定する過少申告加算税の計算の基礎となる税額を計算する場合には、過少対象所得から上記ニの(ロ)から(ニ)までのただし書の調査通知がある前に行われたものとして取り扱う部分の所得金額を控除して計算することとなる（法人税過少通達第3の4⑴）。

Ⅲ 無申告加算税

1 制度の概要

(1) 賦課要件等

イ 無申告加算税は、期限後申告書の提出若しくは決定があった場合、又は期限後申告書の提出若しくは決定があった後に修正申告若しくは更正があった場合に、その申告若しくは決定又は修正申告若しくは更正により納付すべき税額（増差税額）に原則15％の割合を乗じて算出した額を賦課する附帯税である（通則法66①）。

無申告加算税の趣旨は、過少申告加算税と同様である。

すなわち、申告納税方式により納付すべき税額が確定するものとされている国税等については、納税義務者によって法定申告期限内に適正な申告が自主的にされることが納税義務の適正かつ円滑な履行に資し、税務行政の公正な運営を図る上での大前提となり、納税申告書を法定申告期限内に提出することは、正に申告納税方式による国税等の納税手続の根幹を成す納税義務者の重要な行為であるといわなければならない。このような納税申告書の期限内提出の重要性に鑑みて、通則法は、納付すべき税額の確定のための納税申告書の期限内提出という納税義務者に課された税法上の義務の不履行に対する一種の行政上の制裁として、納付すべき税額をその法定納期限までに完納すると否とにかかわりなく、無申告加算税を賦課することとしているものと解されている（東京高裁平成19年11月8日判決）。

無申告加算税の成立及び確定についても、過少申告加算税と同様である（通則法15②十四、16①②）。

ロ 無申告加算税の課される要件は、次の2つである。

(イ) 申告納税方式による国税について、次に掲げる申告書の提出又は決定若し

くは更正があった場合。
　A　期限後申告書の提出又は決定があった場合
　　　ただし、期限内申告書の提出がなかったことについて正当な理由があると認められる場合等及び期限内申告の意思があったと認められる一定の場合には、無申告加算税は課されない（通則法66①ただし書、⑦）
　B　期限後申告書の提出又は決定があった後に修正申告書の提出又は更正があった場合
　　　ただし、この場合に、当初の期限後申告書が期限内に提出されなかったことにつき正当な理由があると認められる場合等には、無申告加算税ではなく、過少申告加算税が課されることになる（通則法65①かっこ書）。
㈹　上記の期限後申告書の提出若しくは決定又はこれらの後にされる修正申告書の提出若しくは更正により、納付すべき税額があること。

(2)　税額の計算

イ　賦課割合と計算方法（原則分）

　無申告加算税は、その申告又は決定等により納付すべき税額に対して、原則として15％の割合を乗じて計算される。
　つまり、無申告加算税の基本税率は、申告書を期限内に提出しなかったことに着目して、過少申告加算税の基本税率（10％）よりも5％重くなっている。
　そして、この基本税率15％は、期限後申告書の提出が、その申告に係る国税についての調査があったことにより当該国税について更正又は決定があるべきことを予知してされたものでないときは、10％に軽減され（通則法66①かっこ書）、更に、当該国税について更正又は決定があるべきことを予知してされたものでない場合で、かつ、調査通知前に行われたものであるときは、5％に軽減される（通則法66⑥）。
　同じ期限後申告であっても、調査通知前に自主的に申告すれば5％の割合、調査通知後に自主的に申告すれば10％であるが、更正又は決定を予知した後に申告した場合は15％の割合となる。
　なお、無申告加算税が課されるべき基礎税額に1万円未満の端数があるとき、又はその基礎税額の全額が1万円未満であるときは、その端数金額又はその全

Ⅲ 無申告加算税

額を切り捨てて計算し、その無申告加算税に百円未満の端数があるとき、又はその全額が5千円未満であるときは、その端数又はその全額を切り捨てることとされている（通則法118、119）。

【期限後申告書・修正申告書の提出時期と賦課割合】

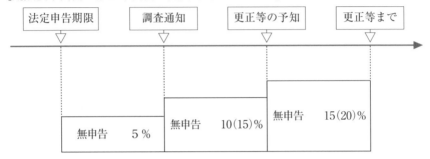

(注) かっこ書は、二段階制の部分に係る割合。

ロ　加算税の二段階制の計算

　無申告加算税についても、過少申告加算税と同様に、納付すべき税額が多額である場合には、5％の二段階措置が設けられている。

　すなわち、無申告加算税の賦課要件に該当する場合において、納付すべき税額（期限後申告又は決定があった後に修正申告書の提出又は更正があったときは、その国税に係る累積納付税額を加算した金額）が50万円を超えるときは、その申告等により納付すべき税額に一定の割合（15%、10%又は5％）を乗じて計算した金額に、その超える部分に相当する税額（その申告等により納付すべき税額がその超える部分に相当する金額に満たないときは、その納付すべき税額）に5％の割合を乗じて計算した金額を加算した金額とされている（通則法66②）。

　この場合の「累積納付税額」とは、原則として、今回の修正申告書の提出又は更正前にされたその国税についての次に掲げる納付すべき税額の合計額をいう（通則法66③）。ただし、その国税について、①その納付すべき税額を減少させる更正又は不服申立て又は訴えについての決定、裁決若しくは判決による原処分の異動があったときはこれらにより減少した部分の税額相当額を控除した金額とし、②通則法第66条第5項の規定において準用する同法第65条第4項

第1号の規定により「正当な理由」があると認められるものがあるときはその控除すべきであった金額を控除した金額とする。
(イ) 期限後申告書の提出又は決定に基づき納付すべき税額
(ロ) 修正申告書の提出又は更正に基づき納付すべき税額

また、この二段階措置以外に、平成28年度税制改正において、短期間に繰り返して無申告又は仮装・隠蔽が行われた場合の加算税の加重措置が導入されている。この加重措置については、別項（「Ⅵ　前5年以内の繰返し加重措置」）において詳述することとする。

(3)　**無申告加算税の減免措置**

イ　正当な理由がある場合

上記の賦課要件の項でも述べたとおり、期限内申告書の提出がなかったことについて正当な理由があると認められる場合には、無申告加算税は課されない（通則法66①ただし書）。そして、この場合において、その後に更に修正申告書の提出又は更正があったときは、過少申告加算税が課されることとなる（通則法65①かっこ書）。

また、期限後申告書の提出又は決定があった後に修正申告書の提出又は更正があった場合には、通則法第65条第4項第1号の規定が準用されることとされている（通則法66⑤）。

すなわち、期限後申告又は決定があった後に修正申告又は更正があった場合において、それにより納付すべき税額の基礎となった事実のうちにその修正申告書の提出又は更正前の税額（還付金の額に相当する税額を含む。）の計算の基礎とされていなかったことについて正当な理由があると認められるものがあるときは、その正当な理由があると認められる事実のみに基づく税額を無申告加算税の基礎となる納付すべき税額から控除することとされている。

この正当な理由の意義及び事例については、後記**2**にて詳述することとしたい。

ロ　決定又は更正を予知しないでした申告の場合

期限後申告書の提出又はその提出若しくは決定後にされた修正申告書の提出

が、その申告に係る国税の調査があったことによりその国税について決定又は更正（以下「決定等」という。）があるべきことを予知してされたものでないときは、その納付すべき税額に係る無申告加算税の額は、その基礎となるべき税額に10％の割合を乗じて計算した金額とされている（通則法66①かっこ書）。

更に、上記の期限後申告書等の提出が決定等を予知してされたものでない場合で、かつ、その申告に係る国税の調査通知がある前に行われたものであるときは、その納付すべき税額に係る無申告加算税の額は、その基礎となるべき税額に5％の割合を乗じて計算した金額とされている（通則法66⑥）。

現在、法人税の事務運営においては、行政指導の一環として、申告書提出の有無などについて納税者に確認するなどの、いわゆる無申告実態確認事務を行政指導として行っていることから、国税当局からこのような確認が行われたことに伴ない期限後申告書を提出したとしても、決定を予知しないでした申告として取り扱われることになろう。

行政指導に関することは、前記「Ⅱ　過少申告加算税」の「3　更正の予知」の(5)を参照されたい。

八　期限内申告書を提出する意思があったと認められる場合

期限後申告書の提出があった場合において、その提出が、その申告に係る国税についての調査があったことにより決定があるべきことを予知して提出されたものでない場合において、期限内申告書を提出する意思があったと認められる一定の場合に該当してされたものであり、かつ、当該期限後申告書の提出が法定申告期限から1月を経過する日までに行われているものであるときは、無申告加算税は課されないこととされている（通則法66⑦）。

この点は、後記3で詳述することとしたい。

2　正当な理由

前記1の(3)のイで述べたとおり、期限内申告書の提出がなかったことについて正当な理由があると認められる場合には、無申告加算税は課されない。

また、期限後申告又は決定があった後に修正申告又は更正があった場合にお

いて、それにより納付すべき税額の基礎となった事実のうちにその修正申告書の提出又は更正前の税額（還付金の額に相当する税額を含む。）の計算の基礎とされていなかったことについて正当な理由があると認められるものがあるときは、その正当な理由があると認められる事実のみに基づく税額は無申告加算税の賦課対象税額から控除することとされている。

この「正当な理由」の意義については、過少申告加算税の場合と同様に考えることができよう。

ただし、前段の期限内に申告書を提出しなかった「正当な理由」は、申告義務の履行に関する事情であり、後段の期限後申告後の修正申告の際に当初の申告の基礎としなかった「正当な理由」は、当初申告内容に反映しないことに関する事情であるから、両者の評価根拠事実（やむを得ない事情があると評価できる事実）は多少異なるものと考えられる。

(1) 期限内申告書の提出がなかったことについての正当な理由

期限内申告書の提出をしなかった正当な理由は、当然ながら申告期限までに存在した事情によるものであるが（審判所平成20年6月12日裁決参照）、あくまで申告書を提出することを怠った事情であるから、法令解釈の疑義により正当な理由が認められるケースは考え難く、災害、交通・通信の途絶等により期限内に申告書を提出できなかった事情が主なものと考えられる。

法人税過少通達はこの点を明らかにしている。

> **法人税過少通達**
> **第2　無申告加算税の取扱い**
> 　（期限内申告書の提出がなかったことについて正当な理由があると認められる事実）
> 1　通則法第66条の規定を適用する場合において、災害、交通・通信の途絶その他期限内に申告書を提出しなかったことについて真にやむを得ない事由があると認められたときは、期限内申告書の提出がなかったことについて正当な理由があるものとして取り扱う。

以下においては、期限内申告書を提出しなかった正当な理由が争われた裁判例を概観していきたい。

Ⅲ 無申告加算税

　なお、二の事例は、税務職員の誤指導により申告しなかった事例であり、裁判所は正当な理由を認めている。
　これらの事例以外にも、納税者が法令解釈に疑義があり申告しなかったと主張する裁判例がいくつかあるが、そのほとんどが納税者の「税法の不知又は誤解によるもの」であるとして、裁判所は「正当な理由」を認めておらず、申告義務の履行に関して厳格な判断がされている。（大阪地裁昭和54年1月30日、東京地裁昭和57年4月22日判決等）。

イ　消費税申告書の送付漏れを理由に申告しなかった事例
　消費税導入当時には、管内の課税事業者と見込まれる者に対して消費税確定申告書の用紙等を送付していたのであるが、その送付がなかったため無申告となったとして、「正当な理由」の存否が争われた事例において、裁判所は、「被告が、消費税の適正な申告及び納付を促進するため納税者サービスの一環として事実上行ったものであって、消費税法その他の関係法令上の義務としてしたわけではないのであるから、たまたま、何らかの事情で原告に対する送付がもれたからといって、原告の申告が期限後となったことについて正当な理由があるということはできない。」旨判示している（浦和地裁平成5年10月18日判決）。
　本件は、所轄税務署が消費税の申告書用紙の送付を原告に対して行っていなかったことを理由に無申告となったと主張したケースであるが、裁判所は、申告書の送付は法令上義務付けられたものではないから、たまたま送付漏れとなったとしても、原告の申告が期限後となったことの「正当な理由」には当たらないと判示している。
　本件は、国税当局側に申告書用紙の送付を行わなかったという事情はあるが、納税者に申告義務があることが明らかである以上、そのことをもって「正当な理由」があったとはいえないということであろう。

ロ　相続財産の全容が把握できないことを理由に申告しなかった事例
　共同相続人間に相続財産の範囲、遺贈の効力等について争いがあるため、相続財産の全容を把握することができないために無申告となった場合における「正当な理由」の存否が争われた事例において、裁判所は、「納税者が相続財産

の全容を把握するため、種々の調査をし、情報入手の努力をした結果、相続財産の一部のみが判明し、その部分だけで遺産に係る基礎控除額を超える場合には（したがって、その努力をしなかった場合には、以下の申告方法を安易に許すべきではない。）、判明した相続財産につき、とりあえず自主的に申告しなければならず、これにより相続税の納税義務を確定させるべきであり、残余の相続財産が後日判明したときは修正申告によることとし、したがって、平均的な通常の納税者を基準としても、相続財産の全容が把握できないからといって、それを理由に、法定申告期限までに相続税の申告をしないことは許されないというのが税確保の観点からみて、立法の趣旨であるといわなければならない。……本件のように、相続財産の一部とはいえ、これを把握し、納税者として相続税の申告をしなければならないと認識すべきであった場合には、そもそも、国税通則法66条1項ただし書きの「正当な理由があると認められる場合」に当たらないのである」旨判示している（大阪高裁平成5年11月19日）。

　本件は、共同相続人間で争いがあり、原告は相続財産の全容を把握できなかったことを理由に無申告となったと主張するのに対し、裁判所は、相続財産の一部のみが判明し、その部分だけでも申告納付義務がある場合は、とりあえず自主的に申告して相続財産の納税義務を確定させるべきである旨判断している。申告義務の履行に関する事情は、申告した内容に反映しなかったことに関する事情とは異なることが分かる事例である。

八　消費税等を期限内納付したが申告書の提出を失念した事例

　納税者が、消費税の法定申告期限及び法定納期限である平成15年6月2日までに約247億円もの納付を行ったものの、同月12日に所轄税務署の職員から消費税の申告書の提出の確認があるまで、同申告書を提出していなかったことに対して、所轄税務署長が納付税額の5％相当額の無申告加算税を賦課した事例において、裁判所は、「以上の事実経過に照らせば、原告が本件課税期間に係る消費税等についてその法定申告期限内に納税申告書（期限内申告書）を提出しなかったのは、原告が同申告書の提出を失念していたということに尽きるのであって、これは納税者である原告の責めに帰すべき事由に基づくものにほかならず、このように失念して期限内に納税申告書を提出しなかった原告に対し

Ⅲ　無申告加算税

行政制裁として無申告加算税を課すことは、前記法の趣旨に照らして何ら不当と評価されるものではない。」旨判示している（大阪地裁平成17年9月16日）。

　本件は、納税者は消費税の法定納期限内に納付を済ませたが、申告行為を失念していたケースであるが、無申告加算税が、期限内申告の適正な履行を担保するため、その不履行に対する行政上の制裁であるという趣旨からみて、納税者の帰責事由により期限後になった以上「正当な理由」には当たらないと判断されている。

　本件の判決後、本件判決をきっかけに後述する「期限内申告を提出する意思があったと認められる場合」の減免措置が法制化されており、本件の事実関係を現行法（通則法66⑦）に照らすと無申告加算税は賦課されないことになる。

二　誤指導に伴って申告しなかった事例

　不動産業を営む原告は、昭和36年中に譲渡担保の不履行により取得した土地の一部を譲渡したが、税務署係官の指導の下、申告していなかった事例において、裁判所は、不動産業を営む被告は土地の全部を売却する予定であったところその一部分しか売却できなかったこと、土地取得の経緯・権利関係が極めて複雑で、その経費や課税所得の計算が複雑になっていたこと、土地の残部分の売却も早い時期にできると見込まれていたため、税務署係官は右事情を考慮の上、被告に土地の残部が売却されてしまってからその所得全部をまとめて計算して申告をすればよい旨説明したこと、被告はこれを信じ、指示どおり、確定申告をしなかったものであること、の認定の事実と申告納税制度は本来納税者が税法の仕組みについてある程度の理解を前提とするものであるが、税法の内容が複雑であるため、多くの納税者は税務係員の指示に頼っている実状を併せ考えると、被告が期限内に確定申告書を提出しなかったのは誠に無理からぬところであるといわざるを得ないとして、当該無申告には正当な理由があると判示した（長崎地裁昭和44年2月5日判決）。

　本件は、税務職員の誤指導により無申告となったケースであり、個人納税者にとって土地の譲渡等は頻繁にあるものではないし、多くの納税者は、税務署に赴き税務職員に相談して、それに従って申告することが一般的であるから、総合的にみて正当な理由があると判断したものと考えられる。

(2) 期限後申告後に修正申告等があった場合の正当な理由

期限後申告書の提出又は決定があった後に修正申告書の提出又は更正があった場合において、それにより納付すべき税額の基礎となった事実のうちにその修正申告書の提出又は更正前の税額の計算の基礎とされていなかったことについて正当な理由があると認められるものがあるときは、無申告加算税の基礎となるべき納付すべき税額からその正当な理由があると認められる事実のみに基づいて修正申告書又は更正があったものとした場合におけるその提出又は更正に基づき納付すべき税額を控除して、無申告加算税の対象となる税額を計算することとされている（通則法66⑤）。

この場合の「正当な理由」については、過少申告加算税と同様の事情が考えられるところである。

法人税過少通達においても、その旨が明らかにされている。具体的には、前記「Ⅱ　過少申告加算税」の「2　正当な理由」を参照されたい。

> **法人税過少通達**
> **第2　無申告加算税の取扱い**
> （無申告加算税を課す場合の留意事項）
> 4　通則法第66条の規定による無申告加算税を課す場合には、次のことに留意する。
> 　(2)　通則法第66条第5項において準用する通則法第65条第4項第1号に定める正当な理由があると認められる事実は、第1の1に定めるような事実とする。

3　期限内申告書を提出する意思があったと認められる場合の不適用制度

(1) 不適用制度の趣旨

前記1の(3)のハで述べたとおり、期限後申告書の提出があった場合において、その提出が、その申告に係る国税についての調査があったことによりその国税について決定があるべきことを予知してされたものでなく、期限後申告書を提出する意思があったと認められる一定の場合に該当してされたものであり、かつ、その期限後申告書の提出が法定申告期限から1月を経過する日までに行われたものであるときは、無申告加算税は課されないこととされている（通則法

Ⅲ　無申告加算税

66⑦)。

　この規定は、無申告加算税制度の趣旨からすれば、期限内申告書を提出する意思があったと認められる場合で、かつ、法定申告期限後速やかに提出されたような場合にまで、行政制裁を課すこととなれば、誠実な納税者の適正な申告納税の意欲をそぐ結果ともなりかねないことから、一定の要件の下、無申告加算税自体を課さない旨を定めたものである（財務省ホームページ「平成18年度税制改正の解説」671頁参照）。

(注)　この免除規定は、平成18年度の税制改正で創設されたものであるが、当初、対象となる期限後申告書の提出期間は、法定申告期限から2週間を経過する日とされていたが、その後、平成27年度の改正において、改正前の法定申告期限から1月を経過する日と延長されている。

(2) 不適用制度の要件

　この免除措置の要件は、期限後申告書の提出が次の3つの要件を満たす場合である。

①　その申告に係る国税について調査による決定があるべきことを予知してされたものでないこと。

②　期限後申告書を提出する意思があったと認められる「一定の場合」に該当していること。

③　法定申告期限から1月を経過する日までに行われていること。

　また、上記②の期限内申告書を提出する意思があったと認められる「一定の場合」とは、次のいずれにも該当する場合とされている（通則令27の2①）。

イ　自主的な期限後申告書の提出があった日の前日から起算して5年前の日までの間に、その期限後申告書に係る国税に属する税目について、期限後申告書の提出又は決定を受けたことにより無申告加算税又は重加算税を課されたことがない場合で、かつ、通則法第66条第7項《無申告加算税の不適用制度》の規定の適用を受けていない場合

　　なお、上記の「5年前の日」とあるのは、消費税等（消費税（通則法第2条第9号《定義》に規定する課税資産の譲渡等に係る消費税を除く。）、酒税、たばこ税、揮発油税、地方揮発油税、石油ガス税及び石油石炭税をいう。）、

航空機燃料税、電源開発促進税及び印紙税に係る期限後申告書（印紙税法第12条第5項《預貯金通帳等に係る申告及び納付等の特例》の規定によるものを除く。）である場合には、「1年前の日」とされている。

　この要件の趣旨は、期限後申告の常習者については無申告加算税の不適用制度の対象とすべきではないことから、過去5年に渡って、無申告加算税又は重加算税を課されたり、この不適用制度の適用を受けたことがない者であることが必要であると考えられたとされている。ただし、原則として毎月申告期限が到来する税目については、年1回申告の税目との均衡を考慮し、過去1年間とされている。この関係を具体例で図示すると、次のようになる（財務省ホームページ「平成18年度税制改正の解説」672頁参照）。

〈設例〉期限後申告書の提出があった日の前日から起算して5年前の日

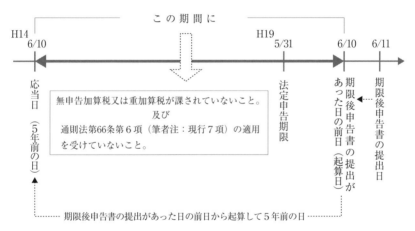

　図にあるとおり、「期限後申告書の提出があった日の前日から起算して5年前の日」とは、期限後申告書が提出されたのが平成19年6月11日であったとすると、その前日6月10日が起算日となり、「5年前の日」はその応当日である平成14年6月10日となる。

　ところで、無申告加算税の額が5千円未満の場合には、その全額が切り捨てられることとなるが、この場合は、上記の「無申告加算税又は重加算税を課されたことがない場合」に該当することとなる。

ロ　上記イの期限後申告書に係る納付すべき税額の全額が法定納期限までに納

Ⅲ　無申告加算税

付されていた場合又はその税額の全額に相当する金銭がその法定納期限までに通則法第34条の３の規定により納付受託者に交付されていた場合

　なお、上記の「法定納期限」については、その期限後申告書に係る納付について、通則法第34条の２第１項《口座振替納付に係る通知等》に規定する依頼を税務署長が受けていた場合又は電子情報処理組織による輸出入関連業務の処理等に関する法律第４条第１項《口座振替納付に係る納付書の送付等》に規定する依頼を税関長が受けていた場合には、「その期限後申告書を提出した日」とされている。

　法定納期限までに納付すべき税額を全額納付していれば、一般的に期限内申告書を提出する意思があったものと推測できることから、このことを要件としたものとされている（財務省ホームページ「平成18年度税制改正の解説」673頁参照）。

4　調査通知後の10％賦課（平成28年度改正）

　平成28年度税制改正において、当初申告のコンプライアンスを高める観点から、調査通知から更正等の予知までの間については、更正等の予知後の通常の加算税よりも一段低い水準の加算税を課すこととされた。

　具体的には、期限後申告書の提出（その修正申告書の提出を含む。）が、調査に関する一定の事項の通知（以下「調査通知」という。）以後、かつ、調査による更正又は決定を予知してされたものでない場合には、これらの申告に基づいて納付すべき税額に10％（50万円を超える部分は15％）の割合を乗じて計算した金額に相当する無申告加算税を課すこととされた（通則法66①かっこ書）。

　ただし、期限後申告書（その修正申告書を含む。）の提出が、調査通知前で、かつ、調査による更正又は決定を予知してされたものでない場合には、従前どおり無申告加算税の割合は５％である（通則法66⑥）。

　なお、この改正は、過少申告加算税においても同様の改正が行われていることから、実務上の取扱い等については、「Ⅱ　過少申告加算税」の「４　調査通知後の５％賦課（平成28年度改正）」を参照されたい。

Ⅳ 不納付加算税

1 制度の概要

(1) 賦課要件等

イ　不納付加算税は、源泉徴収等による国税がその法定納期限までに完納されなかった場合に、税務署長が、納税の告知に係る税額又はその法定納期限後に当該告知を受けることなく納付された税額に対し原則として10％の割合を乗じて算出した金額をその納税者（源泉徴収義務者）から徴収する附帯税である（通則法67①）。

上記の「源泉徴収等による国税」とは、源泉徴収に係る所得税及び国際観光旅客税法に規定する特別徴収に係る国際観光旅客税をいう（通則法2二）。このうち、不納付加算税が賦課される最も多いケースは、源泉徴収に係る所得税であろう。

そこで、本書も、源泉徴収に係る所得税について、以下、述べることとする。

なお、上記の「法定納期限」とは、国税に関する法律の規定により国税を納付すべき期限をいい（通則法2八）、例えば、給与所得に係る源泉徴収の場合、その給与等の支払の際に所得税を徴収し、その徴収した日の翌月10日に納付しなければならない（所法183①）。

不納付加算税は、これらの法定納期限の経過の時に成立するが（通則法15②十五）、他の加算税と同様に賦課課税方式により確定する（通則法16②二）。

(注)　不納付加算税は、過少申告加算税又は無申告加算税を「課する」と規定されているのに対し、「徴収する」と規定されている。これは、過少申告加算税等が、賦課した加算税を通則法第35条第3項の規定により自主納付することとされているのに対し、不納付加算税は、納税の告知により徴収することを明らかにしている。その賦課手続は、

Ⅳ 不納付加算税

通則法第32条及び第33条によることとなる。以下の説明においては、便宜上、不納付加算税についても「徴収」ではなく「賦課」として説明することとする。

ただし、不納付加算税の場合には、その計算の基礎となる本税額も、加算税の賦課決定時点において滞納となっていることが多いことから、本税額の納税の告知（通則法36①一）と同時に不納付加算税の賦課決定の通知が行われるのが一般的である（源泉徴収義務者が法定納期限後に自主納付した場合には、不納付加算税のみ賦課決定することとなる。）。

(注) 源泉所得税の本税額の納税の告知について、納税の告知の性質は、税額の確定した国税債権につき納期限を指定して納税義務者等に履行を請求する行為、すなわち徴収処分であって課税処分ではないが、源泉徴収による所得税についての納税の告知は、確定した税額がいくばくであるかについての税務署長の意見が初めて公にされるものであるから、支払者がこれと意見を異にするときは、その税額による所得税の徴収を防止するため、支払者は納税の告知の前提となる納税義務の存否又は範囲を争って、納税の告知の違法を主張することができるものと解されている。例えば、所得税に係る源泉徴収税額に対する納税の告知があった場合には、源泉徴収義務者（支払者）は、納税義務の全部又は一部の不存在の確認の訴えを提起できるばかりではなく、その納税の告知の違法性、すなわち確定税額の取消しを争う抗告訴訟を提起することもできる（最高裁昭和45年12月24日判決）。

源泉徴収制度は、給与等の受給者が本来の納税義務者（源泉納税義務者）であるが、支払者（源泉徴収義務者）は給与等の支払の際に所得税を徴収して、これを国に納付する仕組みであるため、過去には、不納付加算税を負担すべき者は、源泉納税義務者（給与等の受給者）なのか、源泉徴収義務者（支払者）なのかということが問題となったことがある。

この点、上記最高裁昭和45年12月24日判決は、「源泉徴収による所得税の納税者は、支払者であって受給者ではないから、法定の納期限にこれを国に納付する義務を負い、それを怠った場合に生ずる附帯税を負担すべき者は、納税者（徴収義務者）たる支払者自身であって、右の附帯税相当額を旧所得税法43条2項（新法222条）に基づいて受給者に請求しうべきいわれはない」と判示し、源泉徴収義務者が負担すべき者であることを明らかにしている。

ロ 不納付加算税の賦課される要件は、次に掲げるいずれかの事実に該当する場合である。

(イ) 税務署長により納税の告知処分があった場合

　税務署長は、源泉徴収義務者が納付すべき源泉徴収等による国税をその法定納期限までに納付しなかった場合には、職権により、その納付すべき税額について納税の告知をすることとされている（通則法36①二）。

(ロ) 源泉徴収等による国税を法定申告期限後に納税の告知を受けないで納付した場合

　源泉徴収等による国税をその法定納期限内に納付しなかったものの、その後納税の告知を待たずに自主的に納付した場合である。この場合は、後述(3)のロのとおり、納税の告知を予知して納付したものでないときには、不納付加算税が5％に軽減される。

(2) 不納付加算税の計算

　不納付加算税は、源泉徴収による国税がその法定納期限までに完納されなかった場合に、納税の告知に係る税額又はその法定納期限後に当該告知を受けることなく納付された税額に原則として10％の割合を乗じて計算される。

　なお、不納付加算税の税額計算に係る端数計算は、他の加算税の場合と同様であり、不納付加算税の計算の基礎となる本税額に1万円未満の端数があるときはその端数金額を切り捨て、その全額が1万円未満であるときはその全額を切り捨てて計算し、その不納付加算税に百円未満の端数があるときはその端数を切り捨て、又はその全額が5千円未満であるときはその全額を切り捨てることとなる（通則法118③、119④）。

　源泉不納付通達では、不納付加算税の計算について、次の二つの留意事項が定められている。

イ　不納付加算税の計算の基礎となる本税額の計算方法

　源泉所得税の額は、各月に支払われた所得の種類ごとに計算されることから、これらの源泉徴収税額に係る不納付加算税も所得の種類ごとに、かつ、法定納期限の異なるごとの税額を基礎として計算することとなる。

　不納付加算税の端数計算においても、所得の種類ごとに、かつ、法定納期限の異なるごとに判断することとなる。

ロ　重加算税について少額不徴収に該当する場合の不納付加算税の計算

Ⅳ　不納付加算税

　重加算税が端数計算の関係により不徴収となった場合において、その徴収しない部分の重加対象の税額のほかに不納付加算税の対象税額があるときには、その徴収しない部分に対応する税額をそれ以外の不納付加算税の対象税額に加算して不納付加算税を計算するのではないかということが疑問となる。

　この点、加算税の計算は、加算税ごとに計算することとされているのであるから、重加算税の計算の基礎とした税額は、たとえ結果として重加算税を徴収しないことになったとしても、不納付加算税の対象税額には含めないこととなる。

> **源泉不納付通達**
> **第２　不納付加算税の計算**
> 　（不納付加算税の計算の基礎となる税額の計算方法）
> ４　不納付加算税の計算の基礎となる税額は、所得の種類（給与所得、退職所得、報酬・料金等の所得、公的年金等所得、利子所得等、配当所得、非居住者等所得、定期積金の給付補塡金等、上場株式等の譲渡所得等、償還差益等及び割引債の償還金等の区分による。）ごとに、かつ、法定納期限の異なるごとの税額によることに留意する。
> 　（注）通則法第119条第４項《国税の確定金額の端数計算等》の規定により加算税の金額が５千円未満であるときは、その全額を切り捨てることとされているが、この場合、加算税の金額が５千円未満であるかどうかは、所得の種類ごとに、かつ、法定納期限の異なるごとに判定することに留意する。
> 　（重加算税について少額不徴収に該当する場合の不納付加算税の計算）
> ５　通則法第119条第４項の規定により重加算税を徴収しない場合には、その徴収しない部分に対応する税額は、不納付加算税対象税額に含まれないのであるから留意する。

(3)　不納付加算税の減免措置

イ　正当な理由がある場合

　不納付加算税は、源泉徴収等による国税がその法定納期限までに完納されなかった場合に徴収されるのであるが、その国税を法定納期限までに納付しなかったことについて正当な理由があると認められる場合には、不納付加算税は課されない（通則法67①ただし書）。

1　制度の概要

この「正当な理由」の意義及び事例については、後記2にて詳述することとしたい。

□　納税の告知を予知しないで自主納付した場合

　源泉徴収による国税が納税の告知を受けることなくその法定納期限後に納付された場合において、その納付が、当該国税について調査があったことにより納税の告知があるべきことを予知してされたものでないときは、その納付された税額に係る不納付加算税の額は、その納付税額に5％の割合を乗じて計算した金額に軽減される（通則法67②）。

　この場合の「調査」や「告知があるべきことを予知してされたもの」の考え方は、過少申告加算税における更正の予知（「Ⅱ　過少申告加算税」の「3　更正の予知」参照）と概ね同様に解すべきであろう。

　具体的には、源泉徴収義務者に対する臨場調査や反面調査等、その源泉徴収義務者が調査のあったことを了知した後に自主納付した場合の自主納付は、原則として、告知があるべきことを予知してされたものに該当する。

　なお、源泉所得税の事務運営では、行政指導の一環として、電話により納付確認を行うことがあるが、その納付確認の結果、自ら納付漏れに気づいて納付するケースや、年末調整の説明会等により一般的な説明を受けた結果、自ら納付漏れに気づいて納付するケースは、原則として「告知があるべきことを予知してされたもの」には該当しない。

> **源泉不納付通達**
> **第1　不納付加算税の取扱い**
> 　（納付が、告知があるべきことを予知してされたものである場合）
> 2　通則法第67条第2項の規定を適用する場合において、その源泉徴収義務者に対する臨場調査、その源泉徴収義務者の取引先に対する反面調査等、当該源泉徴収義務者が調査のあったことを了知したと認められる後に自主納付された場合の当該自主納付は、原則として、同項に規定する「告知があるべきことを予知してされたもの」に該当する。
> 　（注）次に掲げる場合は、原則として「告知があるべきことを予知してされたもの」には該当しない。

87

Ⅳ　不納付加算税

> 1　臨場のための日時の連絡を行った段階で自主納付された場合
> 2　納付確認（臨場によるものを除く。）を行った結果、自主納付された場合
> 3　説明会等により一般的な説明を行った結果、自主納付された場合

ハ　法定納期限内に納付する意思があったと認められる場合

　源泉徴収による国税が納税の告知を受けることなくその法定納期限後に自主的に納付された場合において、その納付が法定納期限まで納付する意思があったと認められる一定の場合に該当してされたものであり、かつ、その納付に係る源泉徴収による国税が法定納期限から１月を経過するまでに納付されたものであるときは、不納付加算税は課されないこととされている（通則法67③）。

　この免除規定についても、後記３にて詳述することとしたい。

2　正当な理由

　前記１の(3)のイで述べたとおり、源泉徴収等による国税をその法定納付期限までに納付しなかった場合であっても、納付しなかったことについて「正当な理由」があると認められるときには、不納付加算税は課されないこととされている。

　当該規定の趣旨やその解釈については、既に述べた過少申告加算税や無申告加算税の場合と同様に考えるべきであろう。

　ただし、不納付加算税は、実質的に税を負担する給与所得者等に賦課されるものではなく、国税の徴収事務を代行している源泉徴収義務者に対して課されるものであるという特殊性があることから、源泉不納付通達では、その点を考慮した取扱い等が定められている。

　そこで、ここでは、源泉不納付通達に定められた内容を概観するとともに、これに関連した裁判例等を紹介することとしたい。

> **源泉不納付通達**
> **第１　不納付加算税の取扱い**
> 　（源泉所得税及び復興特別所得税を法定納期限までに納付しなかったことにつ

いて正当な理由があると認められる場合)
1 通則法第67条の規定の適用に当たり、例えば、源泉徴収義務者の責めに帰すべき事由のない次のような場合は、同条第1項ただし書きに規定する正当な理由があると認められる場合として取り扱う。
(1) 税法の解釈に関し、給与等の支払後取扱いが公表されたため、その公表された取扱いと源泉徴収義務者の解釈とが異なることとなった場合において、その源泉徴収義務者の解釈について相当の理由があると認められるとき。
 (注) 税法の不知若しくは誤解又は事実誤認に基づくものはこれに当たらない。
(2) 給与所得者の扶養控除等申告書、給与所得者の配偶者控除等申告書又は給与所得者の保険料控除申告書等に基づいてした控除が過大であった等の場合において、これらの申告書に基づき控除したことにつき源泉徴収義務者の責めに帰すべき事由があると認められないとき。
(3) 最寄りの収納機関が遠隔地であるため、源泉徴収義務者が収納機関以外の金融機関に税金の納付を委託した場合において、その委託が通常であれば法定納期限内に納付されるに足る時日の余裕をもってされているにもかかわらず、委託を受けた金融機関の事務処理誤り等により、収納機関への納付が法定納期限後となったことが、当該金融機関の証明書等により証明されたとき。
(4) 災害、交通・通信の途絶その他法定納期限内に納付しなかったことについて真にやむを得ない事由があると認められるとき。

(1) 法令解釈の明確化

過少申告加算税の取扱いと同様に、税法の解釈について、給与等の支払後に新たに取扱いが公表されたところ、その公表された取扱いと従来の源泉徴収義務者の解釈が異なることとなった場合において、その源泉徴収義務者がそのような解釈をしていたことに相当の理由があると認められるときには、「正当な理由」がある。

ただし、税法の不知若しくは誤解又は事実誤認に基づくものはこれには当たらないとしている。

この点について裁判例では、「国税通則法67条1項ただし書にいう「正当な理由」とは、同条に規定する不納付加算税が適正な源泉徴収による国税の確保のため課せられる税法上の義務の不履行に対する一種の行政上の制裁であるこ

IV　不納付加算税

とにかんがみ、このような制裁を課すことが不当あるいは過酷とされるような事情をいい、法定納期限までの不納付の事実が単に納税義務者の法律の不知あるいは錯誤に基づくというのみでは、これにあたらないというべきであるが、必ずしも納税義務者のまったくの無過失までをも要するものではなく、諸般の事情を考慮して過失があったとしてもその者のみに不納付の責を帰することが妥当でないような場合を含むものと解するのが相当である」と判示している（東京地裁昭和51年7月20日判決）。

つまり、単なる法律の不知や錯誤に基づく場合は「正当な理由」に当たらないが、源泉徴収義務者の無過失までを要求するものではなく、多少の過失があったとしても不納付の責務を負わせることが妥当でない場合は「正当な理由」があると解すべきであるとしている。

この点を踏まえた裁決例として、ヌードショウの出演料に係る所得税を源泉徴収しなかったことについて「正当な理由」の有無が争われた事例において、国税不服審判所は、請求人の行動について、「従来その源泉徴収事務を滞りなく行ってきた請求人が、たまたま同業者の会合の際、……源泉徴収の必要がないということをG税理士から聞いたため、いったんその事務を取止めたものの、なおG税理士独自の法解釈について疑義を抱いたので、その解決を図るための指導を原処分庁に対して求めてきたことにほかならない」と認定し、「そうだとすると、本件の源泉徴収をすべきかどうかについて、迷いながら原処分庁を訪れている請求人に対して、何らかの指導を行っていたならば、請求人の従来からの徴収、納付の事績からみて、本件の源泉徴収に係る所得税はその納付が行われたであろうことが十分推認される」から、「再度にわたる源泉徴収すべきかどうかの請求人の問い合せに対して、何ら原処分庁の指導が行われなかったことに起因する本件源泉徴収に係る所得税の不納付は、国税通則法第67条第1項ただし書の「正当な理由」に当」たると判断している（審判所昭和55年3月11日裁決）。

本裁決は、徴収義務者が税法の解釈を誤解していたのであるが、その誤解は法令解釈の疑義に関する照会に対して国税当局が何らの返答もせずに、調査により不納付加算税を賦課したもので、徴収義務者に不納付の責を帰することが妥当でないとされた事例の一つである。

(2) 給与所得者の提出書類に基づいてした控除が過大となった場合

　給与等の支払者（源泉徴収義務者）は、給与所得者から提出される扶養控除等申告書、配偶者特別控除申告書又は保険料控除申告書等に基づいて、月々の給与等に係る源泉徴収税額の計算や年末調整などを行うことになる。この場合に、その給与所得者からの申告内容が誤っており、このために過大な控除を行って税額が過少となる場合があるが、そのような場合であっても、源泉徴収義務者の責めに帰すべき事由がないときには、「正当な理由」があるものとして取り扱っている。

　源泉所得税の事務運営において、国税当局は、扶養控除等申告書に記載した扶養控除の対象者が対象外になるのではないかということを把握した場合には、源泉徴収義務者に対して、「扶養控除の控除誤りの是正について」という文書を通知して、年末調整における扶養控除の是正を求める、いわゆる扶養是正を行っている。

　この場合、源泉徴収義務者は、給与の受給者から提出された扶養控除等申告書の内容を信じて、これに基づき年末調整を行っているのであるから、追加の源泉所得税が発生しても、通常、源泉徴収義務者自身に帰責性はないことから、正当な理由があるものとして、不納付加算税は賦課されていない。

　裁判例においても、「源泉徴収に係る所得税は、特別の確定手続を経ることなく、法律上当然にその納付税額が確定すると定める現行の源泉徴収制度は、徴税・納税の能率と便宜に資するが、他方、源泉徴収義務者（支払者）に対し、給与の支払の際に納付税額を確保することの困難から派生する不利益を課するものであるから、課税要件法定主義（憲法84条）の法意に照らし、源泉徴収義務者が給与の支払の際にその納付税額をできる限り明確に把握することができるように配慮すべきである。加えて、源泉徴収義務者は、通常、多数の受給者（被用者）を抱えているため処理すべき源泉徴収の事務が膨大であるうえに、課税要件の充足について実質的に調査する強制的権限を全く有しない現状を鑑みると、受給者の申告内容に特に不審な点がない場合、これに基づき納付税額を正しく算出している限り、後に納税告知を受けた場合でも、この告知に係る税額を法定納期限までに納付しなかったことについて正当の理由（国税通則法67条1項但書）があると言うべきである。」との解釈が示されている（神戸地

裁平成2年5月16日判決)。

(3) 金融機関の事務処理誤り等による不納付

不納付加算税は、源泉徴収税額の納付が法定納期限までに行われた否かが要件であることから、税金の納付を金融機関に委託している場合において、その委託先である金融機関の事務処理誤り等により、収納機関への納付が法定納期限後となった場合には、源泉徴収義務者としては、何ら不納付の責を負うべき事由はないことから、この場合も「正当な理由」があるものとして取り扱われている。

(4) 災害、交通・通信の途絶等による不納付

災害、交通・通信の途絶等によりやむを得ず法定納期限内に納付できなかった場合も、「正当な理由」当たるとされている。

ただし、裁決例（審判所昭和56年3月31日裁決）の中には、天候不順による交通機関の遅延を事由に「正当な理由」の有無が争われた事例において、当該事情を認めなかった事例があるので、その判断のポイントについて紹介しておきたい。

当該裁決では、①請求人は航空機遅延のため外国旅行から事務所に帰着した時点ではすでに請求人の取引銀行の営業時間は終了しており、預金払戻請求に必要な印鑑を旅行中請求人自身が所持していたので、預金の払戻しはできなかったと主張するが、預金の払戻しができず、納付することができなかったのは、請求人の個人的な事情にすぎず、②少なくとも週に一度以上航空機を利用しているという請求人にとっては、気象条件の変化、特に積雪期における航空機の遅延・欠航などは通常発生しうるものであることを当然予想しえたものと判断されることから、あらかじめ法定納期限内に納付できるよう必要な措置を家族ないし事務所員に指示しておくことは、むしろ社会通念上当然のことと認められるので、請求人が航空機の遅延によって源泉所得税を法定納期限までに納付できなかったことは、「納付できなかったことについて正当な理由があると認められる場合」に該当しないと判断している。

源泉不納付通達においても、単に災害等の事情を掲げるのではなく、災害等

3　法定納期限内に納付する意思があったと認められる場合の不適用制度

を原因として不納付となったことについて「真にやむを得ない事由があると認められるとき」に正当な理由と認める旨を明らかにしているところである。

3　法定納期限内に納付する意思があったと認められる場合の不適用制度

　上記**1**の(3)のハで述べたとおり、源泉徴収による国税が納税の告知を受けることなくその法定納期限後に自主的に納付された場合において、その納付が法定納期限まで納付する意思があったと認められる「一定の場合」に該当してされたものであり、かつ、その納付に係る源泉徴収による国税が法定納期限から1月を経過するまでに納付されたものであるときは、不納付加算税は課されないこととされている（通則法67③）。

(注)　平成18年改正前の源泉不納付通達においては、法定納期限後の納付であっても、偶発的納付遅延等として通達に定める一定の条件を満たす場合には、正当な理由があるものとして取り扱うこととしていた。つまり、平成18年に上記の規定が法制化される前においても、実務上は、一定の条件を満たす偶発的納付遅延については不納付加算税を徴収していなかった。

　この場合の「一定の場合」とは、その納付に係る法定納期限の属する月の前月の末日から起算して1年前の日までの間に法定納期限が到来する源泉徴収による国税について、次のいずれにも該当する場合をいう（通則令27の2②）。

イ　納税の告知を受けたことがない場合（法定納期限までに納付しなかったことについて正当な理由があると認められる場合における納税の告知を除く。）

ロ　納税の告知を受けることなく法定納期限後に納付された事実（その源泉徴収による国税に相当する金銭がその法定納期限までに通則法第34条の3の規定により納付受託者に交付されていた場合及び当該国について法定納期限までに同項の規定により納付受託者が委託を受けていた場合並びに法定納期限までに納付しなかったことについて正当な理由があると認められる場合における法定納期限後納付の事実を除く。）がない場合

　この関係を具体的に図示すれば、次のようになる（財務省ホームページ「平成18年度税制改正の解説」677頁参照）

Ⅳ 不納付加算税

〈設例〉源泉所得税の納付に係る法定納期限の属する月の前月の末日から起算して１年前の日

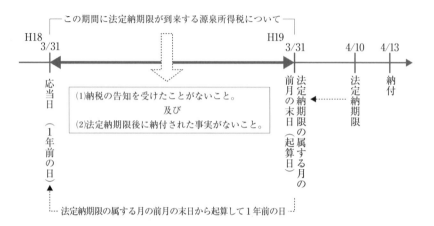

　なお、上記の「法定納期限の属する月の前月の末日から起算して一年前の日」とは、当該「前月の末日」の１年前の応当日をいうのであるから、例えば、「前月の末日」が６月30日である場合には、「一年前の日」は前年の７月１日ではなく、前年の６月30日となる。源泉不納付通達では、この点を留意的に明らかにしている。

> 源泉不納付通達
> 第１　不納付加算税の取扱い
> 　（法定納期限の属する月の前月の末日から起算して一年前の日）
> ３　通則法施行令第27条の２第２項に規定する「法定納期限の属する月の前月の末日から起算して一年前の日」とは、当該「前月の末日」の１年前の応当日をいうのであるから、例えば、「前月の末日」が６月30日である場合には、「一年前の日」は前年の６月30日となる。

V 重加算税

　重加算税は、隠蔽（いんぺい）・仮装に基づく過少申告等があった場合に、修正申告や更正などに伴う追加本税額に対して原則35％の割合で賦課される加算税である。

　国税庁が毎年公表する各事務年度の「法人税等の調査事績の概要」によると、全国で行われた法人税の実地調査のうち約20％の件数で不正計算があり、また、調査で把握された申告漏れ所得金額のうち約30％が不正所得金額である。また、この公表資料では、「不正発見割合の高い10業種」や「不正1件当たりの不正所得金額の大きな10業種」なども公表されている。ここでいう「不正」とは、法人税調査によって重加算税賦課の対象となる隠蔽・仮装が把握されたことを意味している。

　このように、公表資料を見ると、法人税調査において不正（隠蔽・仮装）を把握することは、国税当局において重要なテーマであることが窺える。

　重加算税については、これまで数多くの裁判例等があることからも分かるように、税務調査、修正申告、更正といった場面で、隠蔽・仮装の有無等を巡る意見対立がある等、実務上しばしば問題になる。また、重加算税に関する研究も多くあり、多様な見解があるように思われる。他方、国税庁は、重加算税の取扱いについて税目ごとに通達（事務運営指針）を発遣し、公表している。

　そこで本章では、法人税における重加算税を中心に、できる限り実務に沿ってその取扱いを説明していくこととしたい。

1　制度の概要等

　最初に、重加算税の制度概要や立法趣旨等について、ひととおりの整理をしておきたい。

V 重加算税

　重加算税は、納付すべき税額の計算の基礎となる事実の全部又は一部について隠蔽又は仮装があり、その隠蔽又は仮装に基づき過少申告、無申告又は不納付となった場合に、過少申告加算税、無申告加算税又は不納付加算税に代えて賦課（徴収を含む。以下同じ。）される加算税である（通則法68）。

　例えば、申告納税方式をとる法人税、消費税、所得税等の期限内申告書が提出された場合等において、その後修正申告書の提出又は更正があったときは、その修正申告又は更正に基づき納付すべき税額（追加本税額）に対して原則10％の過少申告加算税が賦課されるが、このうち隠蔽・仮装をした部分に相当する税額については、過少申告加算税に代えて、重加算税が賦課されることになる。

　本章を進めるに当たって重要となる重加算税の規定をここで紹介しておこう。

> **国税通則法第68条第1項（重加算税）**
> 　第65条第1項《過少申告加算税》の規定に該当する場合（修正申告書の提出が、その申告に係る国税についての調査があったことにより当該国税について更正があるべきことを予知してされたものでない場合を除く。）において、納税者がその国税の課税標準等又は税額等の計算の基礎となるべき事実の全部又は一部を隠蔽し、又は仮装し、その隠蔽し、又は仮装したところに基づき納税申告書を提出していたときは、当該納税者に対し、政令で定めるところにより、過少申告加算税の額の計算の基礎となるべき税額（その税額の計算の基礎となるべき事実で隠蔽し、又は仮装されていないものに基づくことが明らかであるものがあるときは、当該隠蔽し、又は仮装されていない事実に基づく税額として政令で定めるところにより計算した金額を控除した税額）に係る過少申告加算税に代え、当該基礎となるべき税額に100分の35の割合を乗じて計算した金額に相当する重加算税を課する。

　上記規定は過少申告加算税に代えて賦課される重加算税に関する規定である。

　上記のほか、期限後申告書の提出又は決定があった場合等には原則15％の無申告加算税が、源泉所得税が法定納期限までに完納されなかった場合には10％

の不納付加算税が、それぞれ納付すべき税額に対して賦課されるが、このうち隠蔽又は仮装をした部分に相当する税額については、無申告加算税又は不納付加算税に代えて、重加算税が賦課されることになる（通則法68②③）。つまり重加算税は、過少申告加算税、無申告加算税又は不納付加算税のそれぞれに代えて賦課されるもの（3パターンのもの）があることになる。

重加算税の賦課割合は、過少申告加算税又は不納付加算税に代えて賦課される場合は35%、無申告加算税に代えて賦課される場合は40%である。

また、この賦課割合については、平成28年度税制改正において、5年内の短期間に繰り返して隠蔽・仮装等が行われた場合の加重措置が導入され、このような場合には、更に10%を加算した割合（35%→45%、40%→50%）とされている（「Ⅵ 前5年以内の繰返し加重措置」参照）。

(1) 賦課要件等

イ 二つの賦課要件

上記で採り上げた通則法の規定振りからも明らかなように、重加算税は、課税要件事実の隠蔽・仮装という要件を満たす必要がある。

そして二つ目が、そもそも、過少申告加算税、無申告加算税又は不納付加算税のそれぞれの賦課要件を満たしている、ということが必要である。

例えば、過少申告加算税に代えて賦課される重加算税は、その前提として、過少申告加算税の賦課要件を満たしていることが必要である。修正申告又は更正について、①正当な理由がある場合、②修正申告又は増額更正前に減額更正（更正の請求に基づくものを除く。）があり期限内申告税額に達するまでのものである場合又は③更正の予知がなされたものでない場合には、過少申告加算税が免除（又は軽減）される（賦課要件を満たさない）。このため、このような場合には重加算税は賦課されないことになる（通則法68①、65④）。

例えば、課税要件事実の隠蔽・仮装をして期限内申告書を提出したが、その後正しい金額で修正申告書を提出した場合、その修正申告書提出が、更正予知前のものであれば、重加算税は賦課されないことになる。

また、平成28年度税制改正で、調査通知がありその後更正予知がされるまで

の間に提出された修正申告書については5％の過少申告加算税が賦課されることになった（Ⅱの**4**「調査通知後の5％賦課」参照）が、仮に、当初の期限内申告書が隠蔽・仮装に基づき提出されたものであっても、この場合の修正申告書は更正予知がされる前に提出されたものであるから、この5％の過少申告加算税の賦課に代えて重加算税が賦課されることはない（通則法68①かっこ書）。

更に、無申告加算税又は不納付加算税は、①期限後申告になったこと又は法定納期限までに納付できなかったことについて正当な理由がある場合、②期限内申告書提出又は期限内納付の意思があったと認められる一定の場合又は③決定又は納税告知の予知がなされたものでない場合には、それぞれ免除（又は軽減）される（賦課要件を満たさない）が、このような場合も重加算税は賦課されないことになる（通則法68②かっこ書、68③かっこ書）。

□　別異説と共通説

重加算税は過少申告加算税等に代えて賦課されるが、両者をそれぞれ別の処分と解する見解（別異説、独立処分説）と、共通の処分と解する見解（共通説、同一処分説）の二つがある。

重加算税が賦課され、隠蔽・仮装の事実が認められず争訟等で重加算税の賦課決定処分が取り消される場合（ただし過少申告加算税の賦課要件を満たす場合）、別異説によれば重加算税額の全部を取り消す（新たに過少申告加算税の賦課処分が必要となる）ことになり、共通説によれば過少申告加算税額を超える部分の一部取消しを行うことになる、という点が両説の違いである。別異説によると、争訟等において隠蔽・仮装が認められないとして重加算税の賦課が取り消された場合（ただし過少申告加算税の賦課要件を満たす場合）において、取消し時点において加算税の賦課決定期間（原則5年）を過ぎているときは、過少申告加算税の賦課ができないケースがあり得ることになる。

判例（最高裁昭和58年10月27日第一小法廷判決、最高裁昭和39年2月18日第二小法廷判決ほか）や通説は共通説をとり、また実務においても共通説による運用がなされている。

共通説をとる場合、争訟等で隠蔽・仮装が認められないと判断されたときでも、一部取消しによって過少申告加算税額部分の処分は残ることになるが、し

かしそうであるからといって、腰だめ的な重加算税賦課が行われるべきではないとの指摘がある（品川芳宣著「国税通則法の理論と実務」319頁（ぎょうせい））。この指摘は当然のことである。

もっとも、国税当局では、調査で把握したどの事実が隠蔽・仮装に該当するか等について、厳格な事実認定に努めている（後述2(2)ヌ「小括」参照）。

(2) 重加算税の趣旨等

重加算税を理解するためには、その制度趣旨等を理解することが重要である。これにより賦課要件である隠蔽・仮装の意義等も理解できると思われるからである。

まず、加算税について、最高裁平成18年4月20日第一小法廷判決では、「過少申告加算税は、過少申告による納税義務違反の事実があれば、原則としてその違反者に対して課されるものであり、これによって、当初から適法に申告し納税した納税者との間の客観的不公平の実質的な是正を図るとともに、過少申告による納税義務違反の発生を防止し、適正な申告納税の実現を図り、もって納税の実を挙げようとする行政上の措置であり」と判示する。このように加算税制度の趣旨については、適正な申告納税の実現等を図るため、適法に申告した者との間の不公平是正と、申告義務違反者に対する措置（行政制裁）という二点が挙げられている。

また、重加算税について、最高裁平成7年4月28日第二小法廷判決では、「重加算税の制度は、納税者が過少申告をするについて隠ぺい、仮装という不正手段を用いていた場合に、過少申告加算税よりも重い行政上の制裁を科することによって、悪質な納税義務違反の発生を防止し、もって申告納税制度による適正な徴税の実現を確保しようとするものである。」と判示している。最高裁は、平成18年4月20日第一小法廷判決や平成18年4月25日第三小法廷判決においても同様の判示をしており、このような理解は定着しているといってよい。

(注)「重加算税の制度は、税務行政を混乱させて余分な徴税コストを負担させたという国家的損失を補填させるとともに」と、徴税コストに言及した裁判例もある（東京高裁平成18年1月18日判決）。この点興味深い。

(3) 刑事罰（脱税）との関係

　上記(2)の趣旨等とともによく取り上げられるのが、刑事罰（脱税）との関係である。

　新聞やマスコミで、「所得隠し、○○万円追徴」などと報道されることがあるが、このような事案のほとんどは脱税という刑事事件ではなく、税務調査で不正（隠蔽・仮装）が把握されたという内容のものである。行政制裁としての重加算税がまるで刑事罰の罰金と同等のように扱われることに筆者は違和感を覚えるが、両者の違いを理解することは案外難しい。

　当初申告で隠蔽・仮装行為による過少申告があった場合、これについて修正申告書提出や更正があったときは、その追加本税額に対して重加算税が賦課されるが、他方でその過少申告が同時に個別租税法によって刑罰の対象とされる場合がある。

　例えば、法人税法では、偽りその他不正の行為により法人税を免れた場合等には、法人の代表者等の違反行為者及び法人に対して刑罰（懲役・罰金）を科す旨を規定している（法法159〜163）。この「偽りその他不正の行為」と重加算税の「隠蔽・仮装」行為は、後述（2(5)ホ「『偽りその他不正の行為』との関係」）するとおり、多くの部分で重なり合うと考えられている。

　このため、国税局査察部が取り扱う脱税事件では、刑事裁判において刑事罰としての罰金等が科されることとなるほか、行政処分として過少申告の税額に対して重加算税が賦課されるのが通常である。これに対しては、重加算税は実質的には刑罰と等しいから二重処罰禁止を定めた憲法第39条に違反する、といった主張がなされることがある。

　この主張は、重加算税が隠蔽・仮装という、偽りその他不正の行為と同じような不正手段を用いた場合に賦課されることや、重加算税の賦課割合が高く（35％〜50％）、その負担が重い、という点もその背景にあるように思われる。

　しかし、この点については、重加算税は納税義務違反の発生を防止し納税の実をあげようとする行政上の措置（特別の経済的負担）にとどまり、脱税は不正行為の反社会性・反道徳性に着目してその行為を犯罪として制裁を科す刑事罰であって、両者は区別される、というのが判例や通説の立場である。

　例えば、最高裁昭和45年9月11日判決第二小法廷判決では、「国税通則法68

条に規定する重加算税は、同法65条ないし67条に規定する各種の加算税を課すべき納税義務違反が課税要件事実を隠ぺいし、または仮装する方法によって行なわれた場合に、行政機関の行政手続により違反者に課せられるもので、これによってかかる方法による納税義務違反の発生を防止し、もって徴税の実を挙げようとする趣旨に出た行政上の措置であり、違反者の不正行為の反社会性ないし反道徳性に着目してこれに対する制裁として科せられる刑罰とは趣旨、性質を異にするものと解すべきであって、それゆえ、同一の租税逋脱行為について重加算税のほかに刑罰を科しても憲法39条に違反するものでないことは、当裁判所大法廷判決の趣旨とするところである（昭和33年4月30日大法廷判決・民集12巻6号938頁参照。なお、昭和36年7月6日第一小法廷判決・刑集15巻7号1054頁参照。）。」と判示している、

　上記(2)や(3)で述べた重加算税の趣旨等や刑事罰との関係は、最近の裁判例等でもよく引用されており、加算税の解釈や適用関係を理解する上で重要な考え方となっている。この考え方は、後述する隠蔽・仮装の意義、行為の主体等多くの論点に関わってくることを最初に指摘しておきたい。

2　隠蔽・仮装

　重加算税は、修正申告、更正、決定等があった場合に、その課税標準等又は税額等の計算の基礎となる事実の隠蔽又は仮装があったときに、修正申告書の提出、更正、決定等による追加本税額に対して賦課されるものである。
　このため、「隠蔽」あるいは「仮装」とは何か、ということが重加算税を理解する上で一番のテーマである。
　一般に、言葉の意味として、隠蔽は「人または物が目につかないようおおうこと。かくすこと。」をいい、また、仮装は「相手をあざむくため、いつわりよそおうこと。」をいう（広辞苑第6版）。ただ、このような言葉の意味だけからは、重加算税における隠蔽・仮装の内容を実務的に理解することは難しいように思われる。

V 重加算税

　重加算税における隠蔽・仮装について、代表的な見解を紹介したい。

　租税法研究の第一人者である金子宏教授は、「事実の隠ぺいとは、売上除外、証拠書類の廃棄等、課税要件に該当する事実の全部または一部をかくすことをいい、事実の仮装とは、架空仕入・架空契約書の作成・他人名義の利用等、存在しない課税要件事実が存在するように見せかけることをいう。隠ぺいと仮装は同時に行われることが多い（たとえば、二重帳簿の作成のように、存在する事実をかくし、存在しない事実があるように見せかけること）。」とされている（金子宏著「租税法（第19版）」745頁（弘文堂））。

　また、立法担当者による著書（志場喜徳郎ほか著「国税通則法精解（平成28年改訂）」769頁（大蔵財務協会））では、「事実の隠ぺいは、二重帳簿の作成、売上除外、架空仕入若しくは架空経費の計上、たな卸資産の一部除外等によるものをその典型的なものとする。事実の仮装は、取引上の他人名義の使用、虚偽答弁等をその典型的なものとする。」とされている。

　上記の代表的な二つの見解は、売上除外、架空仕入れといった具体的な不正の態様を挙げて説明されており、このように、言葉の意味だけでなく不正の態様を交えた説明の仕方は他の見解にも多く見受けられる。

　通則法では、ただ単に「隠蔽」又は「仮装」とだけ規定していることから、隠蔽・仮装に関しては、実務で出現する過少申告の態様等に即し、これまでの多くの裁判例・裁決例、前述の重加算税の趣旨等を踏まえて理解することが近道であり、また重要であると思われる。

　以下順次見ていきたい。

(1) 重加算税に関する国税庁通達

　重加算税の実務的な取扱いを知るには、国税庁自身が発遣している通達が一番の手がかりである。

　国税庁が発遣した加算税通達（国税庁ホームページ →「法令等」→「事務運営指針」を参照）は前述（「Ⅰ　加算税制度の概要」の「3　加算税の法的性質と加算税通達」参照）のとおりであるが、このうち、重加算税に関する通達は以下のとおりである。再掲しておきたい。

イ　平成12年7月3日付課所4-15ほか「申告所得税及び復興特別所得税の重

加算税の取扱いについて」(➡所得税重加通達)

ロ　平成12年7月3日付課法7-8ほか「源泉所得税及び復興特別所得税の重加算税の取扱いについて」(➡源泉重加通達)

ハ　平成12年7月3日付課資2-263ほか「相続税及び贈与税の重加算税の取扱いについて」(➡相続税重加通達)

ニ　平成12年7月3日付課法2-8ほか「法人税の重加算税の取扱いについて」(➡法人税重加通達)

ホ　平成16年3月26日付課法2-6ほか「連結法人税の重加算税の取扱いについて」(➡連結法人税重加通達)

ヘ　平成24年6月25日付課法2-9ほか「復興特別法人税に係る加算税の取扱いについて」

ト　平成27年2月13日付課法2-1ほか「地方法人税に係る加算税の取扱いについて」(➡地方法人税加算税通達)

チ　平成12年7月3日付課消2-17ほか「消費税及び地方消費税の更正等及び加算税の取扱いについて」(➡消費税加算税通達)

本章では、法人税重加通達の内容等を適宜取り上げて説明していくこととしたい。

(2) 法人税重加通達における隠蔽・仮装

まずここでは、国税庁が実務上どのようなものを隠蔽・仮装として取り扱っているかを紹介したい。

法人税重加通達では、賦課基準として、隠蔽・仮装について次のとおり定めている。

> 第1　賦課基準
> (隠蔽又は仮装に該当する場合)
> 1　通則法第68条第1項又は第2項に規定する「国税の課税標準等又は税額等の計算の基礎となるべき事実の全部又は一部を隠蔽し、又は仮装し」とは、例えば、次に掲げるような事実(以下「不正事実」という。)がある場合をいう。
> (1)　いわゆる二重帳簿を作成していること。
> (2)　次に掲げる事実(以下「帳簿書類の隠匿、虚偽記載等」という。)があること。

V 重加算税

① 帳簿、原始記録、証ひょう書類、貸借対照表、損益計算書、勘定科目内訳明細書、棚卸表その他決算に関係のある書類（以下「帳簿書類」という。）を、破棄又は隠匿していること。
② 帳簿書類の改ざん（偽造及び変造を含む。以下同じ。）、帳簿書類への虚偽記載、相手方との通謀による虚偽の証ひょう書類の作成、帳簿書類の意図的な集計違算その他の方法により仮装の経理を行っていること。
③ 帳簿書類の作成又は帳簿書類への記録をせず、売上げその他の収入（営業外の収入を含む。）の脱ろう又は棚卸資産の除外をしていること。
(3) 特定の損金算入又は税額控除の要件とされる証明書その他の書類を改ざんし、又は虚偽の申請に基づき当該書類の交付を受けていること。
(4) 簿外資産（確定した決算の基礎となった帳簿の資産勘定に計上されていない資産をいう。）に係る利息収入、賃貸料収入等の果実を計上していないこと。
(5) 簿外資金（確定した決算の基礎となった帳簿に計上していない収入金又は当該帳簿に費用を過大若しくは架空に計上することにより当該帳簿から除外した資金をいう。）をもって役員賞与その他の費用を支出していること。
(6) 同族会社であるにもかかわらず、その判定の基礎となる株主等の所有株式等を架空の者又は単なる名義人に分割する等により非同族会社としていること。

（使途不明金及び使途秘匿金の取扱い）
2 使途不明の支出金に係る否認金につき、次のいずれかの事実がある場合には、当該事実は、不正事実に該当することに留意する。
　なお、当該事実により使途秘匿金課税を行う場合の当該使途秘匿金に係る税額に対しても重加算税を課すことに留意する。
(1) 帳簿書類の破棄、隠匿、改ざん等があること。
(2) 取引の慣行、取引の形態等から勘案して通常その支出金の属する勘定科目として計上すべき勘定科目に計上されていないこと。

（帳簿書類の隠匿、虚偽記載等に該当しない場合）
3 次に掲げる場合で、当該行為が相手方との通謀又は証ひょう書類等の破棄、隠匿若しくは改ざんによるもの等でないときは、帳簿書類の隠匿、虚偽記載等に該当しない。
(1) 売上げ等の収入の計上を繰り延べている場合において、その売上げ等の収入が翌事業年度（その事業年度が連結事業年度に該当する場合には、翌連結事業年度。(2)において同じ。）の収益に計上されていることが確認されたとき。
(2) 経費（原価に算入される費用を含む。）の繰上計上をしている場合において、

> その経費がその翌事業年度に支出されたことが確認されたとき。
> (3) 棚卸資産の評価換えにより過少評価をしている場合。
> (4) 確定した決算の基礎となった帳簿に、交際費等又は寄附金のように損金算入について制限のある費用を単に他の費用科目に計上している場合。
> (不正に繰戻し還付を受けた場合の取扱い)
> 4 法人が法人税法第80条又は第144条の13の規定により欠損金額につき繰戻し還付を受けた場合において、当該欠損金額の計算の基礎となった事実のうちに不正事実に該当するものがあるときは、重加算税を課すことになる。

上記のとおり、法人税重加通達では「不正事実」として例示されている。この不正事実とは隠蔽・仮装に係る事実と同義である。

(注) 法人税重加通達で用いられている「不正」は、申告義務違反という場面におけるものであって、刑罰(脱税犯)における反社会性・反道徳性を意味するものではないと考えられる(後述(5)イ「故意の要否」参照)。

以下順次説明していきたい。

イ 二重帳簿の作成

最初に、「二重帳簿の作成」が挙げられている。二重帳簿の作成は、真実である取引事実を隠すと同時に、真実ではない取引事実を装うものであり、隠蔽・仮装の典型である。もっとも二重帳簿の作成による不正計算は、今日の実務では、ほとんど見かけることはないように思う。

ロ 帳簿書類の隠匿、虚偽記載等

帳簿書類の隠匿、虚偽記載等として、三つのものが挙げられている。すなわち、①帳簿書類の破棄・隠匿、②帳簿書類の改ざん等による仮装の経理、そして③帳簿書類の不作成等による売上げの脱漏等である。

実務ではこの帳簿書類の隠匿、虚偽記載等が最も多く出現する。

一つ目は、帳簿書類の破棄・隠匿である。

法人税重加通達では、「帳簿書類」に含まれる帳簿、原始記録、証ひょう書類などについて特段の説明はないが、ここでいう「帳簿書類」の範囲について

は、法人税法上、備付け、記録又は保存（以下「備付け等」という。）が義務付けられているものが参考となろう。

すなわち、法人税法では、青色申告法人は当然のこととして、いわゆる白色申告法人であっても、帳簿書類の備付け等が義務付けられている。例えば、白色申告法人の場合、「帳簿を備え付けてこれにその取引を簡易な方法により記録し、かつ、当該帳簿（当該取引に関して作成し、又は受領した書類及び決算に関して作成した書類を含む。）を保存しなければならない。」と規定し（法法150の2①）、また、備え付けるべき「帳簿」やその記録方法については、法人税法施行規則第66条において定めている。また、帳簿だけでなく、「書類」も保存すべきこととされている。この保存すべき書類については、「取引に関して、相手方から受け取った注文書、契約書、送り状、領収書、見積書その他これらに準ずる書類及び自己の作成したこれらの書類でその写しのあるものはその写し」と、「棚卸表、貸借対照表及び損益計算書並びに決算に関して作成されたその他の書類」がある（法規67①）。

このような帳簿書類の破棄（破り捨てたり壊したりする行為）、あるいは隠匿（隠したり秘密にする行為）は、隠蔽・仮装に該当することになる。

破棄・隠匿は、いずれも「故意」に（あるいは意図的に）行われたものを意味している。例えば、うっかり誤って帳簿書類を廃棄や処分したり、あるいは紛失してしまうケースが実務ではあり得るが、こういうケースはここでいう破棄・隠匿には当たらない。

なお、この破棄・隠匿をはじめ通達で示されている不正事実は、納税者による積極的な行為がほとんどであるが、消極的行為であってもこれが明らかであれば、不正事実に含まれ得るであろう。例えば、仕入先からの請求書金額が仕入先の誤り等によって過大であったことを知りながら、これを奇貨として、あえて訂正等を行わず過大のまま仕入計上したことが明らかであれば（その事実認定にはかなりの困難を伴うが）、隠蔽・仮装に当たると考えられる（大阪地裁平成3年3月29日判決参照）。

(注) 隠蔽・仮装と故意との関係や、消極的行為に関しては、隠蔽・仮装を巡る主要な論点であり、後述の(5)イ「故意の要否」や(5)ニ「ことさら過少、つまみ申告等」で詳しく述べたい。

2 隠蔽・仮装

　二つ目は、帳簿書類の改ざん等による仮装の経理である。

　帳簿書類の改ざん、虚偽記載、相手方との通謀による虚偽作成、意図的な集計違算等は、「仮装」や「隠蔽」の典型例であろう。

　「改ざん」は、書類の字句などを不当に改めるという広い意味で、一般によく用いられている。隠蔽・仮装は、当然のことながら、既存の帳簿書類を不当に改めるものでだけではなく、内容虚偽の新たな帳簿書類を作出すること等も含まれる。このため、誤解が生じないよう、通達ではあえて「偽造」（新たな文書等を作り出すこと）や、「変造」（既存の真正な文書等に変更を加えること）という法令用語を用いてこれを改ざんに含めている。

　「相手方との通謀」も実務上よく見受けられる。例えば、仕入先や外注先等と通謀し、仕入金額や外注費額の水増しを行ったり、取引日を繰り上げる（費用計上を繰り上げる）、取引がないのに取引があったようにする、といった不正である。

　また、いわゆる単純な計算誤り、集計誤り等は仮装には当たらないが、これらが意図的に行われたものであれば、集計違算として仮装に当たることになる。

　更に、架空名義による取引も隠蔽・仮装の典型である。架空名義は、どのような理由があったとしても、架空名義を使うこと自体が隠蔽・仮装に該当すると考えられるし、その結果過少申告になったとすれば、重加算税の対象になる。

　なお、金融機関による本人確認等の徹底によって、架空名義の預金口座等は、今日、ほとんど見かけることはなくなっている。

　三つ目が帳簿書類の不作成等による売上げの脱漏等である。

　例えば、実地棚卸しの際に棚卸資産が現に10個存在するにもかかわらず、棚卸表に0個と記載すれば虚偽記載に該当する。また、全く記載しない（記録しない）場合も隠蔽・仮装の典型といえるだろう。もっとも、通達の文言上、帳簿書類の作成・記録そのものを行っていない場合には、一つ目の帳簿書類の破棄・隠匿といったことは起こりえないし、二つ目の帳簿書類の改ざんや虚偽記載等に当たるかどうかも分かりにくい。

　このため、三つ目として、帳簿書類の隠匿、虚偽記載等のカテゴリーの一つとして、そもそも帳簿書類の作成や記録を行わないで行う売上げ等の脱漏等が

V　重加算税

取り上げられている。

　先ほどの棚卸除外のケースのほか、例えば、売上げに際して、通常の取引では発行するような納品書、請求書、領収書等を一切発行せず、全く売上げを記帳しないケースがこれに当たる。

　ここでの脱漏も除外も、故意あるいは意図的なものであることが必要である。ただ、帳簿書類に虚偽記載がある場合と異なり、帳簿書類の作成や記録がない場合には、故意あるいは意図的なものとの事実認定は実務上も難しい面があることは否めない。

　前述のとおり、法人税法では帳簿書類の備付け等が義務付けられているが、この義務に反して帳簿書類の備付け等が行われていなかったとしても、このことが直ちに隠蔽・仮装に当たるものではないだろう。難しい論点はあるが、むしろ両者は基本的に異なる事柄である。

　この点に関しては、後述する(5)ニ「ことさら過少、つまみ申告等」のところでも触れることとしたい。

八　損金算入・税額控除の証明書等の改ざん等

　例えば、収用等による資産の譲渡等があった場合、5,000万円又は圧縮記帳額の損金算入を認める特例があるが、この特例の適用を受けるためには確定申告書等に「収用証明書」の添付が必要とされている（措置法64、65の2ほか）。また、試験研究費に係る特別税額控除制度では、一部の試験研究費については確定申告書等に添付した一定の「証明書類」によって証明された金額に限ることとされている（措置法42の6ほか）。

　これらの証明書等は、ロで述べた帳簿でないことはもちろんのこと、保存すべき書類（すなわち、取引の相手方から受け取った契約書、領収書、見積書等に準ずる書類）に該当するかどうか疑問が生じる。証明書等は、申告時に特例の適用を受けるために必要となるものであって、取引に関して授受する書類とはいい難い面があり、また、証明書等がなければ特例が適用されないというに過ぎない。更に、証明書の発行者が取引の相手方ではなく、第三者であるケースもある。

　このため、「証明書等の改ざん」は、通達にいう「帳簿書類の改ざん」に該

2 隠蔽・仮装

当しないとの反論もあり得るし、虚偽申請があったとしても、これによって交付された証明書等それ自体に手を加えないとすれば、証明書等の「改ざん」ともいい難い面がある。

　もっとも、証明書等の改ざんはもちろん、証明書等の交付を受けるため虚偽の申請を行うことは、その証明書等によって証明されるべき事実、すなわち収用や試験研究費に関する事実（課税標準等又は税額等の計算の基礎となるべき事実）の隠蔽・仮装をするものであることにほかならない。

　以上のことから、法人税重加通達では、口の帳簿書類の改ざん等とは別に、証明書等の改ざん等を不正事実として掲げている。

　なお、このハ以下に掲げる不正事実は、いずれも口の「帳簿書類の隠匿、虚偽記載等」では読みにくい（該当するか疑義が生じやすい）ものを明確にするため、別に取り上げられているものと考えられる。

二　簿外資産の果実

　例えば、売上除外等で得た資金を、法人税申告書に反映されていない（いわゆる簿外の）預金口座（借名口座等）に入金していた場合、その預金から預金利息が生じるが、こうした果実（預金利息）が法人の収益に計上されることは実務上ほとんどないといってよい。そして、こうした未計上の果実についても、隠蔽・仮装をしたと取り扱うことが通達で明らかにされている。

　こうした預金利息収入はいわば派生的に生じるものであるが、簿外資産となっている預金等から果実として生じたものであって、収益計上されていない以上、隠蔽・仮装に当たるという考え方である。

　売上除外等の簿外資金から拠出された役員や子会社等への簿外貸付金の利息（経済的利益の供与として処理するものを含む。）や、簿外資金で賃貸用資産を取得して他に貸し付けた場合における賃料収入は、いずれも不正事実に基づくものに該当することになる。

(注) 簿外貸付金の利息相当額が役員に対する給与（役員報酬）に該当する場合には、法人税法第34条第3項の規定により損金不算入となる。

V　重加算税

ホ　簿外資金から支出した役員賞与等

　ここでは、簿外資金（売上除外、架空仕入れ等によって帳簿から除外した資金）からの役員賞与等の費用の支出が不正事実に当たることが明らかにされている。費用の支出が不正事実に当たるといわれると少し違和感があるかもしれない。

　売上除外等で得た資金が代表者等の個人的な費消や蓄財に充てられているケースは実務上しばしば見受けられる。この場合、税務上は、売上げの収入計上と、役員給与の費用計上（認容）との同時処理が行われる。つまり法人税の所得計算上、いったん収入と費用が両建てされることになる。

　　（借方）役員給与 ○○○　　（貸方）売　上 ○○○

　この役員給与の支給は、売上除外と表裏の関係にあるから、売上除外だけでなく、役員給与の支給も不正事実に該当することがここで示されている。

　そして、隠蔽・仮装による役員給与は損金不算入となる（法法34③）。この結果、法人税の所得計算上は、売上除外としてではなく役員給与の損金不算入として所得金額に加算されることになり、この役員給与の損金不算入額が重加算税の対象になるということである。

　また、売上除外の資金をいったん簿外資金としてプールし、後日その簿外資金から役員給与を支出した場合についても、その簿外の支出を不正事実として扱うこととするものである。

　役員給与以外でも、交際費、寄附金、使途不明金など、損金算入が制限されている費用についても、簿外資金から支出されたことそれ自体が不正事実に当たることになるから、上記と同様、その損金不算入額が重加算税の対象となる。

へ　同非区分の判定

　法人税法では、特定同族会社の留保金課税（法法67）や同族会社等の行為計算否認（法法132）のように、所得計算や税額計算上、同族会社に適用される規定がある。ここでは同族会社の判定の基礎となる株式名義が借用や架空であった場合の取扱いが明らかにされている。

　同族会社か非同族会社かの判定（同非判定）において、その基礎となる持株

数や出資金額は、原則として株主名簿や社員名簿等に基づいて行うが、いわゆる名義株である場合には真実の株主等を基礎として行うこととされている（法基通1－3－2）。

　平成2年の商法改正前は、会社設立には発起人7人以上が必要とされていたため他人名義を借用することが行われ、このことが名義株の大きな要因であったといわれている。この名義株を利用して意図的に非同族会社としていた場合、同族会社に関する規定が適用されないことになるが、このことは、課税標準等又は税額計算等の基礎となる事実（同族会社）の隠蔽・仮装を行うものといえよう。

　架空名義である場合も同様である。

ト　使途不明金・使途秘匿金

　使途不明金（法基通9－7－20）及び使途秘匿金（措置法62）は、金銭支出の事実は認められるものの、その支出の相手方の住所・氏名、支出事由等が確認できないことから、いずれも損金不算入となるものである。

(注)　使途秘匿金は、相当の理由がなく支出の相手方の氏名等を帳簿書類に記載していないものをいい(措置法62)、使途不明金との一番大きな違いは、使途秘匿金というその名のとおり、(国税当局等に対し)相手方の氏名等を秘匿したものかどうか、という点にある。違法・不当な支出で相手先に迷惑がかかる、今後の取引継続等に支障がある、といったことが秘匿する大きな理由であろう。使途秘匿金は、通常の法人税とは別に、その支出額に対し40％の追加課税が行われる(措置法62)。

　使途不明金又は使途秘匿金（以下「使途不明金等」という。）とみられる金銭支出がある場合、実務では、税務調査によりその使途や支出先等について、反面調査を含めて十分な調査が行われる。代表者等に対する給与や取引関係者へのリベート等を想定し、その使途等を特定した上で、給与課税（源泉徴収）や相手先への課税処理等、受け取った側での適正な課税を確保する必要があるからである。しかし、使途等が特定できない場合には、最終的には使途不明金等として損金算入を否認する処理がされることになる。

V 重加算税

A 簿外資金から支出した場合

　実務で使途不明金等の出現が最も多いのが、売上除外や架空仕入れ等による簿外資金からの支出である。簿外資金の一部を取引相手先への謝礼、接待交際等に充てる、あるいは逆に、違法・不当な謝礼等の資金を捻出するため売上除外等を行うというケースも多い。

　こうしたケースの使途不明金等は、既にホで述べたように、簿外資金からの費用支出であり、また、簿外資金自体も帳簿書類の隠匿、虚偽記載等を伴うものであるから、不正事実に該当して重加算税の対象となる。

B 本勘定に計上されている場合

　A（簿外資金からの支出）以外のケースとしてもう一つ、支払手数料勘定や雑費勘定等の本勘定に計上されていた費用が、使途不明金等に該当するため損金算入が否認される場合がある。

　こうしたケースについて法人税重加通達第1の2では、①帳簿書類の破棄、隠匿、改ざん等がある、②取引の慣行、取引の形態等から勘案して通常その支出金の属する勘定科目として計上すべき勘定科目に計上されていない、のいずれかの事実がある場合は不正事実に該当すると定めている。

　上記①は、使途不明金等に係る金銭支出について、請求書、領収書、原始記録、支払稟議書等の帳簿書類の破棄、隠匿、改ざん、虚偽記載、虚偽作成等が認められれば、不正事実に該当するというもので、これは当然である。実務では、使途不明金等は、何らかの帳簿書類の破棄、隠匿、改ざん等を伴うことが多いと思われる。

(注)　上記①では支払手数料勘定等の本勘定に費用計上されていたことが前提となっているから、通達の文言上、「帳簿書類の破棄、隠匿、改ざん等」と定められ、帳簿書類の作成・記録を行わない場合について触れられておらず奇異に感ずるかもしれない。しかし、帳簿書類の作成・記録を行わない使途不明金等は、結局、簿外資金からの支出ということであって、これは前述のとおり不正事実（法人重加通達第1の1(5)）に該当することが別途定められている。

　また、上記②は「科目仮装」といわれるものである。これは、他の費用と異なり、いわば使途不明金等特有の不正事実の判断といってよい。

112

費用計上されているものが使途不明金等として否認される場合、取引慣行や取引形態等から勘案して通常計上されるべき勘定科目に計上されていないときは、勘定科目の仮装があった（換言すれば、他の勘定科目に紛れ込ませた）ものとして取り扱われるということである。

使途不明金等は、その性質上、請求書、領収書等の証ひょう書類がそもそも存在しない（相手方から交付を受けていない等）ことが少なくなく、このため証ひょう書類についての破棄、隠匿、改ざん等が認められないケースもある。しかし、このようなケースであっても、帳簿への記録に当たって科目仮装があれば、帳簿そのものの虚偽記載とみるということである。

例えば、取引関係者への謝礼、リベート、受注工作資金等と想定される支出金であれば、支払手数料といった勘定科目に計上されることが通常と思われるが、これと関連がないと認められる勘定科目に計上されていた場合には、科目仮装に該当することになる。そして科目仮装かどうかは、取引の慣行、形態等から勘案して通常その支出金の属する勘定科目として計上すべき勘定科目に計上されているかどうかで判断される。ただ、使途等が全く想定すらできないような場合には、取引の慣行や形態等から勘案することが困難な場合もあり得るであろう。

その勘定科目に属する費用として支出することもあり得ると認められる場合や、その勘定科目に計上したことについて相当な理由があると認められるような場合には、科目仮装には該当しないと考えられる。

法人税重加通達では、上記①又は②のいずれかの事実があれば不正事実に該当すると定めているが、いずれの事実もなければ、不正事実に該当しないものと取り扱われることになる。

使途不明金等は損金算入されないが、損金算入されないものが単に費用計上（損金算入）されていたこと自体をもって、あるいは納税者が税務調査で国税当局に対して相手先や使途等を秘匿していること自体をもって、不正事実に該当するとはいい難いであろう。

重加算税は、「課税標準等又は税額等の計算の基礎となるべき事実」の隠蔽・仮装が賦課要件とされており、課税要件事実についての操作ともいうべき何らかの手段による不正が必要であるという考え方である。

V 重加算税

　また、後述する他科目交際費の取扱いとも権衡を図る必要があるだろう。
(注) 明確な手段がなくとも不正事実に該当する、という有力な反論もあり得る。この点は、後述の(5)ニ「ことさら過少、つまみ申告等」につながる論点である。

チ　帳簿書類の隠匿、虚偽記載等に該当しない場合　－期ズレ－

　法人税重加通達では、その行為が①相手方との通謀又は②証ひょう書類等の破棄、隠匿若しくは改ざんによるもの等でないときは、帳簿書類の隠匿、虚偽記載等に該当しないものとして、「期ズレ」と「他科目交際費等」という二つのカテゴリーを定めている。

　一つが「期ズレ」と呼ばれる期間損益に関するものであり、次の三つの場合が掲げられている。

A　売上げの繰延べ

　売上げの繰延べは、例えば検収基準を売上計上基準としている場合に、当期末までに検収されたものが翌期の検収として処理されたときのように、当期に計上すべき売上げが翌期の売上げとして計上されていたことが確認されたものである。

B　経費の繰上げ計上

　経費の繰上げ計上は、翌期に支出され翌期の費用に計上すべきもの（費用発生が翌期のもの）が、当期の費用に計上されたものである。例えば、修理の完了が翌期であったものが、当期末までに修理の完了があったとして当期の修繕費に計上され、翌期に費用支出されていたことが確認されたものである。

　なお、この取扱いはその経費が「翌期に支出されたことが確認された場合」について対象とされているが、費用計上額が翌期の支出金額と完全に一致していない場合であっても、その不一致の原因が合理的であると認められるときは、「翌期に支出されたことが確認された場合」に該当することになるだろう。

C　棚卸資産の評価換えによる過少評価

　棚卸資産の評価換えによる過少評価は、当期末の棚卸資産に低い評価額を付し計上額が過少であったため、当期の売上原価等が過大（翌期の売上原価

114

等が過少）になったものである。

なお、棚卸数量が過少となった場合も棚卸資産計上額の過少計上となるが、数量の過少については、このＣには該当しない。

ＡからＣまでの期ズレ（以下「売上げの繰延べ等」という。）は、実務上しばしば起こり得る。その多くは、事実確認不足や連絡・判断ミス、あるいは知識不足等によるものであって、故意あるいは意図的に行われたものでないから、重加算税の対象となり得るものではない。

また、翌期の売上計上や経費支出等が税務調査時点で確認されれば、既に法人自身が是正処理を行っているとみることも可能であって（棚卸しの過少計上も翌期には原価計算上自動的に是正される）、売上げを全く計上しない売上除外や、存在しない経費を架空計上した場合などと異なり、隠蔽・仮装の該当性は顕著ではないといえよう。

このため、売上げの繰延べ等については、他と少し異なり、①相手方との通謀又は②証ひょう書類等の破棄、隠匿若しくは改ざん等が認められなければ、すなわち①及び②といったような、故意あるいは意図的であることを示す事実（明らかな不正行為）が認められなければ、重加算税の対象とはしないと取り扱われている。

売上げの繰延べ等は、事実確認ミス等の単なる誤りも多く、故意あるいは意図的に行われたものであるかどうかの判断や、隠蔽・仮装の立証資料の把握も難しいこと等から、こうした実務面を考慮して、より慎重に取り扱うという大きな割切りが行われているといえよう。

もっとも、法人税において適正な期間損益に基づいた所得計算が行われているかどうかは、法人税法等の規定の多くが期間損益に関するものであることからも分かるように、重要である。また、例えば、毎期、同額の売上げの繰延べ等が行われているような場合、更正の期間制限（通則法70）との問題も生じうる。更に、少なくとも、単なる期間損益の誤りを装った不正は許されないものといわなければならない。

そこで、明らかな不正行為が認められる場合には、売上げの繰延べ等についても、不正事実に該当するものとして取り扱われている。上記①及び②は意図

V　重加算税

的であることを示す事実を通達で例示したものと理解すべきであって、例えば、当期の売上げであることを知りつつ、翌期の売上げとしたことが内部の稟議書等により確認できるなど、意図的に収入計上を繰り延べていること等が内部資料等によって明らかであるということであれば不正事実があるということになるだろう。

そしてこうした明らかな不正行為が認められなければ、重加算税の対象にならないことになる。

(注)　現行の法人税重加通達発遣（平成12年）より少し前まで、売上げの繰延べ等は原則重加算税対象とはしない、というのがそれ以前の実務上の取扱いであった。

上記①の「相手方との通謀」とは、前述のケースでいえば、売上先に依頼して検収書の検収日を翌期の日付としてもらったり、修理業者に依頼して納品書の修理完了日を当期に繰り上げてもらったりすることである。そして、こうして受領した検収書や修理完了納品書などをそのまま利用して売上げの繰延べ等を行った場合、納税者自身による改ざん等ではないものの取引先によるいわば不正加担が明らかである。また、上記②の「証ひょう書類の破棄、隠匿、改ざん等」は、既に述べたとおり不正行為として明らかである。

なお、この取扱いに関連して、棚卸資産の数量過少や集計違算について少し敷衍しておきたい。

Ｃの棚卸資産の評価換えによる過少評価については、前述のとおり、相手方との通謀や、証ひょう書類等の破棄、隠匿若しくは改ざん等が認められなければ、不正事実に該当しないことになるが、棚卸資産の（数量）除外や棚卸表の意図的な集計違算については、「帳簿書類の隠匿、虚偽記載等」の典型である（法人税重加通達第1の1(2)②③）。このため、棚卸しの数量過少部分の売上げが翌期の売上げに計上されている場合であっても、不正事実に該当することになる。

また、棚卸数量の過少や集計違算があった場合、実務上は、実地棚卸しの有無やその時期、棚卸担当者・責任者、実施方法等の事実関係を踏まえ、数量過少・集計違算が明らかに過失に基づくものであるかどうか（故意あるいは意図

的なものかどうか）という観点から、かなり厳格に事実確認の調査が行われることが多い。これは、決算期末における利益調整手段として棚卸しの数量除外や集計違算は容易に行われやすいこと、数量過少となった棚卸資産はいわば簿外になっておりこれを売り上げた時にも売上除外という不正につながり易いこと等がその背景にあると考えられる。このように、一口に棚卸計上漏れといっても、その不正事実の判断は、それが過少評価によるものか、あるいは数量過少・集計違算によるものかによって、実務上、その対応振りは異なっている。

(注) 売上げの繰延べ等の上記通達に関し、納税者が、「翌期の売上に計上していること」及び「相手方との通謀又は証ひょう書類等の破棄、隠匿若しくは改ざん等でない」ことを主張して重加算税の取消しを求めた裁判例（東京地裁平成20年10月31日判決）がある。この裁判では、いったん計上した売上データを減額入力する行為があったことから、ことさら過少の論理（当初から所得を過少に申告することを意図し、その意図を外部からもうかがい得る特段の行動をした上、その意図に基づいて過少申告をした）で納税者の主張を排斥している。この事案において、ことさら過少の論理の判決理由には違和感があるが、減額入力そのものが売上データの改ざんであって重加算税賦課は当然と考える。

リ　帳簿書類の隠匿、虚偽記載等に該当しない場合　－他科目交際費等－

　他科目交際費等とは、交際費等や寄附金のように損金算入制限のある費用が単に他の費用科目に計上されたものである。

　法人税重加通達では、その行為が①相手方との通謀又は②証ひょう書類等の破棄、隠匿若しくは改ざんによるもの等でないときは、帳簿書類の隠匿、虚偽記載等に該当しない、と定めている。

　これは、交際費等や寄附金はその隣接費用との区分判定が難しいこと等から、実務面を考慮した割切りが行われたものである。

　例えば、中元、歳暮の贈答費用は、交際費等に該当する典型的なものであるが、このような典型的な費用が交際費等として処理されなかった場合でも、基本的には（相手方との通謀や証ひょう書類の改ざん等がなければ）、不正事実に該当しないものとして取り扱われることになる。

　他方、請求書、領収書、社内稟議書等の支出内容、品名等の書換え、虚偽記載等、あるいは支出の相手方との通謀によって虚偽の請求書、領収書等を受領した、といったことによって交際費等以外の費用として処理した場合には、不

Ⅴ 重加算税

正事実に該当することになる。また、上記**チ**と同様、内部資料その他のものによって、帳簿書類へ意図的に事実と異なる記載（他の勘定科目への付替え等）をしていることが明らかであるということであれば、不正事実に該当することになるだろう。

　交際費等に関する不正事実について、実務上、ときおり見受けられるケースを紹介しよう。取引先等との飲食費で1人あたり5千円以下のものは交際費等に該当しないことから（措令37の5①）、相手方との通謀や証ひょう書類の改ざん等によって飲食の参加人数の水増しが行われることがある。例えば、実際には3人が参加した総額2万円の飲食費を、5人が参加したように領収書や請求書等を改ざんしたり、あるいは飲食店に依頼して5人が参加したような領収書や請求書等を発行させたりして、交際費等以外の費用として処理するという手段である。これはもちろん不正事実に該当することになる。

ヌ　小括

　以上みてきたとおり、法人税重加通達では、法人税における課税要件事実、過少申告の態様、調査事務における実務的対応等を勘案して、不正事実を「例示」として示している。例示であるから、例示以外の事実でも不正事実に該当する場合があるということである。

　他方、不正事実に該当しないものは、通達でほとんど示されていないが、これは通達公表が前提で、無用の誤解等を招かないようにするためであろう。

　この項目の最後に、国税当局は、隠蔽・仮装について的確な事実認定に努めていることに少し触れておきたい。

　加算税の賦課決定処分については、法律上、理由附記が必要とされている（通則法74の14①、行政手続法8、14）。理由附記を行うことによって、現実的にも国税当局による処分の慎重・合理性を担保してその恣意を抑制するといったことに繋がっているであろう。まずこの点を指摘しておきたい。

　また、国税当局は、重加算税賦課相当と考える事案については、運用上、納税者側の主張等を対比・明確にした「争点整理表」を作成する等のほか、処理前には税務署長による重要事案審議会に付議するなど、隠蔽・仮装の有無等に

ついて慎重かつ綿密な検討が行われている。もちろん隠蔽・仮装の主張立証責任は国税当局側にある。このため、必要な資料、証拠等の収集保全が行われているか等の検討も行われる。

更に、納税者に対しても調査終了時までに隠蔽・仮装と認定した事実関係等について具体的な説明を行うよう努めている。納税者の主張に耳を傾け、真摯に検討することは、正しい事実認定を行うために、また、その後の無用な争訟等を防ぐ意味においても重要である。こうした国税当局の取組みは、ひいては、納税者の自発的な納税義務の履行のための適正・公平な税務行政の推進に資することになるように思う。

(3) 連結法人税、消費税、源泉所得税等の隠蔽・仮装

既に述べたとおり、重加算税に関する国税庁通達は、概ね税目ごとに発遣されている。

ここでは連結法人税のほか、同時調査が行われる等法人税と関係が深い税目、すなわち地方法人税、消費税及び源泉所得税の各通達において、「隠蔽・仮装」がそれぞれどのように取り扱われているか説明したい。

イ 連結法人税・地方法人税

連結重加通達では、連結法人税における不正事実（隠蔽・仮装に該当する事実）について、前述(2)の法人税重加通達と同じ内容で通達されている。法人税と連結法人税は、課税要件事実等はほぼ同じであるから不正事実も同じということである。

また、地方法人税加算税通達では、具体的な不正事実を例示せず、法人税における不正事実（前述(2)の事実）は地方法人税においても不正事実に該当すると通達されている。地方法人税の課税標準は法人税額そのものであるから、重加算税が賦課される法人税額については、これにより増加する地方法人税額に対しても重加算税を賦課することになる。

ロ 消費税及び地方消費税

消費税加算税通達では、所得税又は法人税（以下「所得税等」という。）に不正事実があり、所得税等について重加算税を賦課する場合には、当該不正事

Ⅴ　重加算税

実が影響する消費税の不正事実に係る増差税額については重加算税を賦課する旨定めている（消費税加算税通達第2のⅣの2）。これは、所得税等の非違に連動する消費税の非違（連動非違）については、消費税加算税通達では不正事実を示さず、所得税等に不正事実があれば消費税にも不正事実があるとするものである。

　例えば、法人税において550万円（消費税10％税込み）の売上除外（不正事実）があったとして重加算税を賦課する場合には、この不正事実が影響する消費税等の増差税額（50万円のほか、課税売上割合の変動等による影響額を含む。）については消費税の重加算税を賦課することになる。

　また、所得税等の非違に連動しない消費税固有の非違（固有の非違）については、例えば次のような事実を不正事実として例示している（消費税加算税通達第2のⅣの3）。

① 課税売上げを免税売上げに仮装する。
② 架空の免税売上げを計上し、同額の架空の課税仕入れを計上する。
③ 不課税又は非課税仕入れを課税仕入れに仮装する。
④ 非課税売上げを不課税売上げに仮装し、課税売上割合を引き上げる。
⑤ 簡易課税制度の適用を受けている事業者が、資産の譲渡等の相手方、内容等を仮装し、高いみなし仕入率を適用する。

　上記①〜⑤は、所得税等の所得金額・税額には影響しないが、いずれも消費税の課税標準等又は税額等の基礎となる事実について隠蔽・仮装をする行為である。

　なお、消費税と地方消費税は、異なる税であるが、その課税対象は同一であるから、消費税に重加算税が課される場合は、地方消費税についても当然に重加算税が賦課されることになる（消費税加算税通達第2のⅣの1）。

八　源泉所得税

　源泉所得税が法定納期限までに完納されなかった場合には、原則として、その納付されなかった税額の10％の不納付加算税が賦課されるが（通則法67）、事実の隠蔽・仮装をしたところに基づき納付しなかった税額については、不納付加算税に代えて35％の重加算税が賦課される（通則法68③）。

源泉重加通達では、源泉所得税における不正事実について、前述(2)の法人税重加通達とほぼ同様、二重帳簿の作成、帳簿書類の破棄、隠匿、改ざん、虚偽記載、相手方との通謀による虚偽の書類作成、意図的な集計違算等が通達されている。つまり不正の態様等は法人税とほぼ同じということになる。

　ただし、源泉所得税という税の特殊性等から、次の二点は法人税等とはその取扱いを異にしている（源泉重加通達第1の2、第1の3）。

　一点目が、「帳簿書類」の範囲である。源泉所得税における帳簿書類は、いわゆる会計に関する帳簿書類のほか、源泉所得税及び復興特別所得税の徴収又は納付に関する一切のものをいうから、次に掲げるような帳簿書類を含むことになる。

①　給与所得及び退職所得に対する源泉徴収簿その他源泉所得税及び復興特別所得税の徴収に関する備付帳簿

②　株主総会・取締役会等の議事録、報酬・料金等に係る契約書、給与等の支給規則、出勤簿、出張・超過勤務・宿日直等の命令簿又は事績簿、社会保険事務所、労働基準監督署又は地方公共団体等の官公署に対する申請又は届出等に関する書類その他の帳簿書類のうち、源泉所得税及び復興特別所得税の税額計算の基礎資料となるもの

③　支払調書、源泉徴収票、給与支払事務所等の開設届出書、給与所得又は退職所得の支払明細書その他源泉徴収義務者が法令の規定に基づいて作成し、かつ、交付し又は提出する書類

④　給与所得者の扶養控除等申告書、給与所得者の配偶者控除等申告書、給与所得者の保険料控除申告書、退職所得の受給に関する申告書、非課税貯蓄申告書、非課税貯蓄申込書、配当所得の源泉分離課税の選択申告書、年末調整による過納額還付請求書、租税条約に関する届出書その他源泉所得税及び復興特別所得税を徴収される者が法令の規定に基づいて提出し又は提示する書類

　いわゆる会計上の帳簿書類のほか、上記のような源泉所得税特有の帳簿書類を破棄、隠匿、改ざん等をした場合についても、源泉所得税においては不正事実に該当することになる。

　二点目は、源泉所得税における不正事実は源泉徴収義務者に係るものに限ら

れ、例えば源泉徴収される者に係る不正の事実で源泉徴収義務者が直接不正に関与していないものは不正事実に該当しない、という点である。つまり、源泉徴収される者が隠蔽・仮装を行っただけでは不正事実に該当せず、重加算税は賦課されないということである。

例えば、配偶者が所得制限を超えていて配偶者控除の対象とならないことを知りながら、給与所得者が「配偶者控除等申告書」を虚偽記載して配偶者控除の適用を受けた場合、源泉徴収義務者が直接不正に関与していなければ不正事実には該当せず、重加算税は賦課されないことになる（また、過大控除したことにつき源泉徴収義務者の責めに帰すべき事由があると認められないときは、正当理由があるものとなり、不納付加算税も賦課されない。）。

なお、売上除外等による代表者への賞与支出（いわゆる認定賞与等）は、これまで述べたとおり、法人税でも源泉所得税でも不正事実に該当することになる。しかし、このような場合の源泉所得税の重加算税額の計算については、法人税で重加算税の対象とされた認定賞与等の金額は、法人税における重加算税を賦課し、その部分の金額は源泉所得税では重加算税の対象としない（不納付加算税の対象とし、重加算税を賦課しない）という納税者有利の一定の調整計算が行われる。この点は、後述の**3**(7)イ「不正事実に基づく認定賞与等がある場合の調整計算」を参照いただきたい。

(4) 青色申告の承認取消事由の隠蔽・仮装

重加算税の隠蔽・仮装に関連して、青色申告の承認取消事由における隠蔽・仮装について、ここで若干触れておきたい。

税務署長は、青色申告の承認を受けた法人について一定の事由がある場合にはその承認を取り消すことができるが、この取消事由の一つに、「帳簿書類に取引の全部又は一部を隠蔽し又は仮装して記載し又は記録し」がある（法法127①三）。この規定の隠蔽・仮装の意義は、重加算税における隠蔽・仮装と同義に解されており（金子宏著「租税法（第19版）」787頁（弘文堂））、実務上も同じものとして取り扱われている。

もっとも、重加算税賦課が直ちに青色申告の承認取消しに至る訳ではない。取消し規定（法法127①）は、「税務署長は、……取り消すことができる」と「で

きる」規定であり、税務署長は取り消すかどうかについては判断の余地が与えられていると解されている（金子前掲書787頁）からである（ただし自由裁量でないことは当然であって、その裁量は合理的である必要がある。）。

この点国税庁は、平成12年7月3日付課法2－10ほか「法人の青色申告の承認の取消しについて（事務運営指針）」を発遣し、「法人の青色申告の承認の取消しは、法第127条第1項各号に掲げる事実及びその程度、記帳状況、改善可能性等を総合勘案の上、真に青色申告書を提出するにふさわしくない場合について行う」とその基本的考え方を明らかにしている（同通達の「趣旨」）。

そして、同通達では、調査後の所得金額のうち隠蔽・仮装に基づく所得金額が50％超かつ500万円以上、といった取消しの判断基準が具体的に示されている。そしてこの隠蔽・仮装に基づく所得金額は、重加算税の対象となる所得金額と同じである。

(注) 上述のとおり、隠蔽・仮装による青色申告の承認取消しは、かなり限定的に取り扱われており、法人税実務では承認取消しに至る事案は少ないと思われる。

(5) 隠蔽・仮装を巡る主な論点

重加算税の隠蔽・仮装を巡っては、これまで多くの裁判例・裁決例があり、また、様々な議論や研究が行われている。重加算税を含めた加算税規定は条文数も少なく、隠蔽・仮装についても、解釈に委ねられている部分が大きいと考えられる。

裁判例や学説等を概括すると、重加算税制度の趣旨等を踏まえ合目的的に解釈しようとする考え方が多いように思うが、一方で、重加算税の経済的負担が大きいこと等もあって文理を厳格に解釈しようとする考え方もあり、意見の分かれるところも多いように思われる。今後の更なる議論や、事柄によっては立法的な解決が待たれるところもある。

以下は、隠蔽・仮装を巡る主な論点について、実務では概ねこのように取り扱われているという観点を含め、触れておきたい。

イ 故意の要否

重加算税が賦課される典型的なケースとして帳簿書類の改ざん等による売上除外があるが、こうした不正は過少申告（法人税額を少なくすること）を目的

V　重加算税

として行われるものがほとんどである。しかし、実務では、過少申告を行う（法人税額を少なくする）といった目的が明らかでなくとも、隠蔽・仮装の事実があり、これに基づき結果として過少申告となった場合には重加算税が賦課されている。

　例を挙げると、資産分割、稟議逃れと称される不正が大企業等において把握されることがある。1個45万円の備品購入の際、10万円以上の購入については社内稟議決裁とするルールがあるところ、その事務的手間や時間ロス等を避けるため、5個45万円とする請求書等を取引先に依頼して発行してもらい稟議決裁を省略する事例である。その結果、45万円で資産計上すべき備品が、10万円以下の少額減価償却資産として全額損金算入となっているから、これが否認されることになる。購入担当者は税を過少申告しようとする目的ではないものの、取引先との通謀（請求書等の改ざん）という隠蔽・仮装の結果過少申告となっているので、重加算税が賦課されることになる。

　あるいは、AとBの建設工事において、A工事は当初見積りよりも原価が多額で赤字工事になると見込まれたことから、見積り不整合や赤字工事の社内報告を避けるため、担当者が工事台帳の工番や工事名等を改ざんしA工事の原価からB工事の原価への付替えを行ったところ、当期末までにB工事は完成したものの、A工事は未完成となった。この結果、Bの完成工事原価が多額（Aの未成工事支出金が少額）となることがある。実務では重加算税が賦課されるが、この事例も税を過少申告しようとする目的とはいい難いであろう。

　ここでよく議論される点の一つが、重加算税と故意の関係である。隠蔽・仮装に故意が必要かどうか、あるいは必要とされる場合の故意とはどのようなものか、という点である。

　通則法第68条第1項の隠蔽・仮装の規定については、立法当時から、「いずれも、行為が客観的にみて隠ぺい又は仮装と判断されるものであればたり、納税者の故意の立証まで要求しているものではない。この点において、罰則規定における「偽りその他不正の行為」‥‥と異なり、重加算税の賦課に際して、税務署長の判断基準をより外形的に、客観的にならしめようとする趣旨である。」と、その趣旨説明がなされている（志場喜徳郎ほか著「国税通則法精解（平成28年改訂）」770頁（大蔵財務協会））。

また、この点について、最高裁昭和62年5月8日第二小法廷判決は、「重加算税は、…各種の加算税を賦課すべき納税義務が事実の隠ぺい又は仮装という不正な方法に基づいて行われた場合に、違反者に対して課される行政上の措置であって、故意に納税義務違反を犯したことに対する制裁ではないから‥‥重加算税を課し得るためには、納税者が<u>故意に</u>課税標準等又は税額等の計算の基礎となる事実の全部又は一部を隠ぺいし、又は仮装し、その隠ぺい、仮装行為を原因として過少申告の結果が発生したものであれば足り、それ以上に、申告に際し、納税者において過少申告を行うことの認識を有していることまでを必要とするものではないと解するのが相当である。」と判示している（下線部分は筆者）。

重加算税は行政上の措置であって、違反者の反社会性・反道徳性に着目する刑事罰（脱税）とは異なるとした上で、重加算税は、課税要件事実の隠蔽・仮装をしたことに基づいて納税申告書を提出し追徴税額が生じた場合に賦課されるところ、上記最高裁は、前段部分の隠蔽・仮装行為には故意を要するが、後段部分の過少申告の認識について故意は要せず、結果として過少申告が発生すれば足りる、とするものである。

刑事罰（脱税）としての故意は「過少申告の認識」ということであろうが、重加算税の賦課において過少申告の認識について刑事罰と同様、厳格に故意を立証しようとすれば、納税者の供述調書などが必要となろう。しかし、税務調査は、刑事手続とは異なり、行政当局による任意の行政手続であって、全ての事案についてそのような証拠収集を行うことは極めて困難である。こうした点も判示には滲み出ているように思う。

上記最高裁判決にあるように、故意に隠蔽・仮装したものであれば過少申告の認識についての故意は必要としないとする見解は、前述の立法担当者の趣旨説明にも通ずるものがあり、また、他の裁判例等においても繰返し引用されており、判例・多数意見といって良いと思う。

(注) 重加算税賦課のためには、過少申告の認識についても故意が必要と考える見解もある。その代表的なものとしては、碓井光明教授（「重加算税賦課の構造」税理22巻12号（ぎょうせい））や、松沢智教授（「附帯債務−附帯税」租税法講座［2］租税実体法（ぎょうせい））の見解である。

更に、故意が必要かという議論は、議論の前提となる故意の意味するところは何か、ということにも及ぶように思う。上記最高裁判決は、過少申告を行うことの認識を有していることまでを必要とするものではない、としていることから、隠蔽・仮装行為で必要とされる「故意」は、刑事上厳格な解釈適用が求められる故意（犯意）とは自ずとその意味内容等が異なるように思われる。

　後述二の「ことさら過少、つまみ申告等」の最高裁平成7年4月28日第二小法廷判決では、「過少申告の意図を外部からもうかがい得る特段の行動」を隠蔽・仮装行為として重加算税賦課を認めているから、厳格な故意（すなわち犯意）だけを求めるものではなく、意図的といったものも含まれ得ると考えられる。

　この点に関して、「事実の「隠ぺい」とは、納税者がその意思に基づいて、特定の事実を隠匿しあるいは脱漏することを、事実の「仮装」とは、納税者がその意思に基づいて、特定の所得、財産あるいは取引上の名義を装う等事実を歪曲することをいうものと解すべき」と判示した大阪高裁平成6年6月28日判決がある（審判所平成17年6月15日裁決も同旨）。この「納税者がその意思に基づいて」は、単に故意というよりも、実務での運用実態により近い印象を受ける。

　法人税重加通達は前記昭和62年最高裁判決に基づいており、過少申告の認識についての故意は要せず、故意による（あるいは意図的な）隠蔽・仮装を原因として過少申告の結果が発生したものであれば、重加算税の賦課要件を充足するとの理解に立っている。

(注)　法人税重加通達では隠蔽・仮装に該当する事実を「不正事実」という字句を用いて通達しているが、「不正」といっても申告義務違反という場面におけるものであって、刑罰（脱税犯）における反社会性・反道徳性を意味するものではない。

　この点、旧通達（昭26.1.1付直所1－1所得税基本通達）では故意という用語が使われていたが、平成12年に制定された現行の重加通達では「故意」は使われていないこと等から、重加通達は、隠蔽・仮装の事実に係る「認識」の問題を一切不問にしているとの指摘(注)があるが、これは誤解であるように思う。
(注)　品川芳宣著「国税通則法の理論と実務」296頁（ぎょうせい）

　確かに、法人税重加通達をはじめ各税目の重加通達では、通達上「故意」と

いう用語は使われていない。しかしこれは、厳格な故意（あるいは過少申告の認識）の立証まで必要があると受け止められることを懸念して、あえて故意という表現を用いなかったものと思われる。

　各税目の重加通達を通覧すれば、隠蔽・仮装について、単なる誤り等（誤謬、誤解、失念、ミスといった類のもの）は含まれておらず、故意あるいは意図的なものが通達に例示されていることが理解できる。

(注)　重加通達で使われている隠匿、虚偽、改ざん、除外、簿外、架空といった用語は、もともと故意あるいは意図的という意味合いを含むものであるし、集計違算は単なる計算誤り等と理解されないように「意図的な」という修飾語が付されている。

　また、隠蔽・仮装という語義からも、隠蔽・仮装という不正手段を用いた場合に過少申告加算税よりも加重しているという制度趣旨からしても、単なる誤り等は隠蔽・仮装に含まれないことは明らかである。

　なお、平成12年の通達制定によって、故意に関しての取扱い（運用）が実務上も変更されていないことを付言しておきたい。

(注)　実際の税務調査等においては、申告漏れ等がありその原因が隠蔽・仮装によるものではないかと想定される場合には、その点の調査が尽くされることになる。そして、会社担当者との間の質問調査の応答を「質問応答記録書」として作成することが実務上ときおり見受けられる。作成の際の重要ポイントの一つが、「故意あるいは意図的なものであったかどうか」ということであり、5W1Hや八何の原則等に沿って作成される。課税処分取消訴訟等における取扱いとして、この質問応答記録書は、公務員が職務上作成した文書であって、その成立については真正の推定を受ける（民事訴訟法228②。相手方が不成立を証明しなければ真正に成立）。ただ、質問応答記録書については、応答者との応答内容を記録したものであって、記載者（質問者）の主観が含まれうる、応答者の応答内容はその後翻って変遷することがある、といった点も指摘できる。このため、認定事実の証拠としては（実際に証拠として採用されるかどうかについては）、裁判官は、他の動かぬ証拠等と合わせて判断することになろう（民事訴訟法247参照）。もっとも、公務員作成による文書は実質的証拠力が比較的高いと考えられていることや、調査進展に応じてその都度質問応答記録書を作成しておくことは納税者の説明・申立て等の変遷を辿るという意味で重要な証拠となりうることも、付言しておきたい。

□　隠蔽・仮装の行為の主体（行為者）

　通則法第68条第1項は、「納税者が……課税標準等又は税額等の計算の基礎

となるべき事実の全部又は一部を隠蔽し、又は仮装し」と規定し、また、法人税における納税者は「法人」であるところ（法法4）、法人税に係る重加算税について、隠蔽・仮装の行為者である納税者に誰が含まれるか、という論点がある。法人の行為の実行者としては代表者がまず挙げられることから、代表者が納税者に該当することに異論はないが、役員や使用人、税理士等はどうか、というものである。

　この点まず、隠蔽・仮装の行為者は納税者本人のみに限定されるものではない、というのが判例や学説の立場である。品川芳宣教授は、その論拠として、重加算税制度はそもそも納税義務違反に対する行政制裁であること、納税義務は納税者本人以外の従業員等の補助者や代理人（税理士等）が課税標準等の計算に従事すること等により履行されることが多いこと、行政制裁よりもいっそう厳しい要件の下に罰せられる逋脱犯は「代理人、使用人その他の従業者」に対しても罰則規定が設けられていること等を挙げられる。

(注)　品川芳宣著「国税通則法の理論と実務」297頁（ぎょうせい）

　また、金子宏教授も、「法人税の過少申告または無申告の事実が担当者の隠ぺい・仮装による場合には、代表者がその事実を知らなくても、原則として重加算税の賦課要件はみたされると解すべきであろう」とされている。

(注)　金子宏著「租税法（第19版）」746頁（弘文堂）

　確かに、法人税申告の基礎となる日々の事業活動、経済活動等は、代表者だけでなく、現実には役員や使用人等の行為に委ねられており、こうした事業活動、経済活動等の結果が課税標準等・税額等の計算に影響を与えていることになる。

　また、申告納税等の手続は税理士等の代理人はもちろん、使用人等によっても行うことができる。納税者自らが果たすべき適正な申告納税義務についても自らの責任において使用人等に委ね、それによって納税義務が履行されているのである。

　このため、その使用人等による隠蔽・仮装は（これを代表者が知らなかったとしても）、これを委ねた納税者の行為と考えられるであろう。他の者に申告納税手続等を委ねたからといっても、納税者が負うべき適正な申告納税義務（あるいは隠蔽・仮装による過少申告を行わないという義務）を免れるものではな

いともいえる。

　更に、適正な申告をした納税者とのバランス等を考えると、使用人等による行為であっても、隠蔽・仮装があったことを原因とし、その結果として過少申告という申告義務違反があれば、基本的にはこれに対して重加算税という行政制裁を課すという考え方も成り立つ。形式的に納税者本人の行為でないというだけで重加算税の賦課が許されないとすると（行為者である使用人等に対しては何らの行政制裁もないことを考えるとより一層）、重加算税制度の趣旨及び目的を没却することにもなる。仮に、納税者本人だけに限定した場合、納税者本人の指示に従って行った使用人による隠蔽・仮装について、当事者がこれを認めなければ、納税者本人の指示という点を税務調査（任意の行政調査）において立証することは実務上困難であって、結果的にこのような行為を助長することにもなりかねない。
(注)　最近の大企業における不祥事をみても、使用人等による行為であって経営陣がそれを
　　知らなかったとしても、会社全体のコンプライアンス（法令遵守）やガバナンスの問題と
　　して批判的に論じられることが多いように思う。

　所得税重加通達第1の1では「隠蔽又は仮装の行為については、特段の事情がない限り、納税者本人が当該行為を行っている場合だけでなく、配偶者又はその他の親族等が当該行為を行っている場合であっても納税者本人が当該行為を行っているものとして取り扱う」と定めている。
(注)　所得税重加通達の「配偶者又はその他の親族等」は、事業に従事していない親族も含
　　まれているように理解できる。
　法人税重加通達では行為者については特に定めがないが、隠蔽・仮装の行為者は納税者本人のみに限定されるものではない、という考え方は法人税実務も同じである。

　納税者本人の行為のみに限定されないとしても、それでは隠蔽・仮装の行為者である「納税者」の範囲に、どこまでの者が含まれるのかということが次の問題となる。
　「納税者が」と規定されているから、隠蔽・仮装の行為者を一切問わない、

とはなり得ないだろう。一方、「納税者が」としか規定されていないから、「納税者」の解釈適用に当たっては、納税者以外の者による行為が、納税者の行為と同視できるか、あるいは納税者の行為と評価し得る（納税者に帰責すべき）事由があるか、といった観点で考えるほかはないように思う（最高裁第一小法廷平成18年4月20日判決、東京高裁平成18年1月18日判決ほか）。

(注) 金子宏教授は、「納税申告を依頼した第三者（代理人）の隠ぺい・仮装行為に対して、納税者がどこまで責任を負うべきかについては、納税者と代理人との関係、当該行為に対する納税者の認識の可能性、納税者の黙認の有無、納税者が払った注意の程度等にてらして、具体的事案ごとに判断すべきであろう」としている（金子前掲書746頁）。

この点、法人税実務の取扱いとしては、納税者の行為と同視できないといった特段の事情が認められない限り、たとえ使用人等の行為であったとしても、それが隠蔽・仮装に該当すれば、原則重加算税を賦課する、というのがその運用実態ではないかと思う。

上記の「特段の事情」について、納税者による使用人等の指導、監督等が十分に果たされているかどうかは、一つの大きな判断要素であるように思われる。使用人等の隠蔽・仮装行為を防止するために納税者が指導、監督等を十分に果たしたにもかかわらずこれが行われた場合には、納税者の行為と同視することは困難（帰責性に乏しい）という考え方である。もっとも、現実には、課税要件事実の把握や申告納税義務の履行等をいわば包括的に使用人等に委ね、これが適正に行われているかどうか納税者が確認していないケースがほとんどである。このようなケースでは納税者の行為と同視されることになろう。

隠蔽・仮装の行為の主体（行為者）という点に関し、法人税実務でよく議論になるのが、使用人等による横領、詐欺、背任等ではないだろうか。

例えば、営業担当の使用人等が売上代金を着服（横領）し、損害賠償請求権（益金）を横領損失と同時両建てする（下記AとBの仕訳を同時計上する）ことになって、法人所得を構成するようなケースである[注]。

A　（借方）横領損失　〇〇〇　（貸方）売　上　　　　　　　〇〇〇
B　（借方）未収入金　〇〇〇　（貸方）損害賠償請求権（益金）〇〇〇

いわば法人が横領被害にあったと認められるような場合には、納税者の行為と同視できないというケースも考えられるだろう。法人税実務では、内部牽制や行為者に対する指導、監督等の状況、使用人等による隠蔽・仮装行為を容易に把握できる状況にあったかどうか、行為者の役職、責任の度合い、横領額等の返済を求めるかどうか（賠償責任の追及）、懲戒処分や刑事告発の有無等といった事情を総合勘案して取り扱っていると思われる。

(注) 他の者から支払を受ける損害賠償請求権はその確定時の益金算入が認められているが（法基通2－1－43）、この「他の者」には法人の役員や使用人は含まれず、横領損失とその損害賠償請求権は同時両建て計上とするのが通常の取扱いである。ただ、個々の具体的な事実関係によっては、使用人等であっても「他の者」と同様に、横領損失はその損害を受けた事業年度で損金計上し、損害賠償請求権はその支払を受けるべきことが確定した時点で益金計上する（上記ＡとＢの仕訳を別々の事業年度に計上する、いわゆる異時両建て）という余地もあるように思われる。

この点に関し、東京高裁平成21年2月18日判決は、従業員等による不法行為等について同時両建て計上を原則としつつ、異時両建て計上が認められるかどうかは、「通常人を基準にして」損害賠償請求権の存在・内容等を把握し得ず、権利行使が期待できないといえるような客観的状況にあったかどうかという観点から判断していくべきである、旨を判示している。この判示は注目すべきであろう。

裁判例や裁決例をみても、使用人等による行為について重加算税の賦課を認めているものがほとんどである（大阪高裁平成13年7月26日判決、審判所平成15年12月16日裁決ほか）。ただし、使用人の詐取行為における隠蔽・仮装について、法人が取引内容の管理を怠り、隠蔽・仮装をするための使用人の仮装行為を発見できなかったことをもって、仮装行為を法人自身の行為と同視することは相当でない、として重加算税の賦課を取り消した裁決例（審判所平成23年7月6日裁決）がある。この裁決例は参考になろう。

更に、納税者に代わって申告書作成や申告代理を行う税理士による隠蔽・仮装行為についても、使用人等の行為で前述したところと同様、原則として納税者の行為と同視できると考えられよう。問題となりうるのは、税理士が勝手に隠蔽・仮装行為を行った（納税者があずかり知らない、あるいは委任の範囲を

超えて）というケースということになるが、こうしたケースは実務では稀有なことである。

　有名なものとして、OB税理士が現職の税務職員と共謀して隠蔽・仮装行為を行ったという事案においては、申告納税手続の受任者たる税理士の行為は納税者の行為と同一視すべきであるという国側主張を排斥して、受任者たる税理士の隠蔽・仮装行為を納税者自身に帰責すべき事由が存することを要すると解すべきであるとし、納税者と税理士との間に、隠蔽・仮装の容認について「意思の連絡」があれば重加算税の賦課要件を満たすが、これがないとして重加算税の賦課が取り消された裁判例がある（東京高裁平成18年1月18日判決、最高裁平成17年1月17日第二小法廷判決）。

　また、同一税理士による別の事案では、「税理士の選任又は監督につき納税者に何らかの落ち度があるというだけで、当然に当該税理士による隠ぺい仮装行為を納税者本人の行為と同視することができるとはいえない。」とし、この事案について納税者本人の行為と同視できる事情はないとして、重加算税の賦課が取り消されている（最高裁平成18年4月20日第一小法廷判決）。

　上記東京高裁平成18年1月18日判決では、税理士と納税者との間に受委任の契約関係があるというだけでは税理士の行為が直ちに納税者の行為とはなりえず、納税者に帰責すべき事由が必要とされている点が注目される。また、重加算税の賦課が取り消された両判決は、いずれも税理士と現職の税務職員との共謀というかなり特異な事案である（現職税務職員が関わっていたことは、国税当局自身が隠蔽・仮装行為を行ったことと同じ、という厳しい意見もある。）。また、両判決とも、税理士の中立的な立場や、税理士は適正な納税申告の実現につき公共的使命を負っており、税理士が隠蔽・仮装行為を行うことまでを容易に予測し得なかったといった事情も考慮されているように思われる。

　いずれにせよ、納税者以外の役員、使用人、税理士等による隠蔽・仮装行為については、納税者の行為と同視できないと認められるような特段の事情がある場合を除き、基本的には重加算税の賦課要件を満たすと考えられる。そして特段の事情があるかどうかは、前述のような点を勘案して具体的事案ごとに判断していくことが相当であろう。

八 隠蔽・仮装の時期（虚偽答弁、申告期限後の行為等）

　虚偽答弁等（税務調査時における虚偽の答弁、申告期限後の虚偽資料作成や帳簿書類の破棄等）の申告期限後の行為が、重加算税の賦課要件である隠蔽・仮装に該当するかという問題がある。

　重加算税について、通則法第68条第1項は「その国税の課税標準等又は税額等の計算の基礎となるべき事実の全部又は一部を隠蔽し、又は仮装し、その隠蔽し、又は仮装したところに基づき納税申告書を提出していたときは」と規定し、隠蔽・仮装に基づき納税申告書を提出したことが賦課要件とされている。同様に、隠蔽・仮装に基づき法定申告期限までに納税申告書を提出しなかった場合等や、隠蔽・仮装に基づき法定納期限までに納付しなかった場合も重加算税を賦課することが規定されている（通則法68②③）。また、重加算税の納税義務は、法定申告期限の経過の時又は法定納期限の経過の時に成立するが（通則法15②十三、十四）、法人税の場合、その法定申告期限は、原則「各事業年度終了の日の翌日から2月以内」である（法法74①）。

　このような規定振りからすると、隠蔽・仮装行為の有無は、確定申告時を基準として判断することとなり(注)、申告期限後に行われた虚偽答弁等の行為が直接、賦課要件である隠蔽・仮装に該当すると考えることは、文理上はかなり無理があるように思われる。

(注) 大阪高裁平成5年4月27日判決、名古屋地裁昭和55年10月13日判決ほか。

　この虚偽答弁等に関して、所得税重加通達第1の1(8)では、「調査等の際の具体的事実についての質問に対し、虚偽の答弁等を行い、又は相手先をして虚偽の答弁等を行わせていること及びその他の事実関係を総合的に判断して、申告時における隠蔽又は仮装が合理的に推認できること。」と、虚偽答弁等についてこれを不正事実を推認できる事実の一つとして例示しており、また相続税重加通達第1の1(4)及び同2(5)でも同様の定めが置かれている。

(注) 所得税重加通達における「その他の事実関係」としては、調査の非協力、忌避等や、事業遂行上当然に保存して然るべき帳簿書類等が保存されていないこと等が含まれるであろう。

　このため実務では、ときおり調査時の虚偽答弁等それ自体が賦課要件たる隠

蔽・仮装に当たると誤解されることがあるが、前述の所得税重加通達等の定めは、調査時に虚偽答弁等があればこれを直ちに隠蔽・仮装とするものではなく、申告時までにおける隠蔽・仮装を基本としつつ、虚偽答弁等は申告期限前の隠蔽・仮装を推認するための（主要な）間接事実の一つとしている、と理解すべきであろう。

(注) 調査時の虚偽の答弁等の事実関係を総合して重加算税賦課を認めた裁判例等は多いものの、虚偽の答弁等だけでは隠蔽・仮装に当たらないとして重加算税賦課を取り消した裁判例等（大阪高裁平成5年4月27日判決、審判所平成5年5月21日裁決など）がある。

所得税や相続税では、納税者の態様（事業所得者だけが対象ではない）、記帳状況、税理士関与等も様々であって、適正に申告した納税者との権衡や重加算税制度の趣旨目的等を考慮し、虚偽答弁等によって申告期限前の隠蔽・仮装が合理的に推認できる場合には適切な重加算税賦課に努めるという趣旨の通達であろう。

なお、法人税重加通達では虚偽答弁等について何ら触れられていないが、考え方は同じである。法人税実務では帳簿書類の保存等があることが前提であって、調査事務運営に当たっては、申告期限前の隠蔽・仮装の事実把握に極力努めるべきこと（調査時の虚偽答弁等による安易な賦課は避けるべきこと）等を考慮し、法人税重加通達にその定めを置かなかったものと考えられる。

申告期限後の行為という点に関して今一つ、修正申告書提出に際して隠蔽・仮装が行われた場合はどうであろうか。例えば、申告期限内に確定申告書を提出した後、申告漏れ所得が100あることに気付いたが、20のみ修正申告書（第1次）を提出するとともに80については関係書類の破棄改ざん等を行った。その後の調査の結果、80について修正申告書（第2次）を提出した場合、80について重加算税を賦課できるか、という問題である。

これと同様の事実関係の事案において、東京地裁平成16年1月30日判決では、修正申告書も通則法第68条第1項に規定する「納税申告書」に該当することは文理上（通則法2六、19③）明らかであって、隠蔽・仮装に基づいて納税申告書を提出したものに該当するとして重加算税の賦課を認めている。文理上も、また重加算税制度の趣旨目的等に照らしても判決は妥当なものと考える。

また、同判決では、重加算税の納税義務の成立時期は法定申告期限経過の時（通則法15②十三）と規定しているから、隠蔽・仮装は当初申告時に存在することが必要であるとの納税者主張に対して、通則法第15条第2項の規定は繰上保全差押制度（通則法38③）創設に伴って繰上請求の観点からみて規定されたものと解されるべきであって納税者主張のとおり解釈することは困難である、とその主張を排斥している。この点の判決理由は国側主張に沿ったものであるが、この判決理由を疑問視する意見もあって、注目される。

　確かに重加算税そのものに対して延滞税は賦課されないから、繰上請求といった場合を除き、重加算税の納税義務の成立時期が実務上問題となることはないと考えられる。また、重加算税も過少申告加算税もその納税義務の成立時期は法定申告期限経過の時（通則法15②十三）であるところ、両者を別個独立した処分ではないとする共通説（1「制度の概要等」(1)ロ参照）の立場で考えると、法定申告期限経過後に隠蔽・仮装が行われた場合であっても、過少申告加算税の納税義務は法定申告期限経過時には既に成立しているのであるから、これと独立した処分ではない重加算税の納税義務も法定申告期限経過時には成立しているはず、との考え方もあるかもしれない。これらは結局、隠蔽・仮装について、法定申告期限経過の時とする納税義務の成立時期の規定（通則法15②十三）との関係をどこまで考慮する必要があるか、ということにある。

　更にもう一つ、申告期限内に正当額の確定申告書を提出した後、内容虚偽の更正請求書を提出して減額更正を受け、その後の調査の結果、当初申告額までの増額更正があったというケースも想定されるが、こうした場合はどう考えるべきであろうか。このケースは詐取ともいうべきものであって、申告期限後に行われたこのような隠蔽・仮装については行政制裁の対象とし、増額更正に当たって重加算税を賦課すべきものと考えるべきであろう。例えば、更正の請求は納税者の意思による当初申告の訂正であるから、更正請求どおりに減額更正が行われた場合には、減額後の金額をもって納税者による申告が行われたと考えることもできるのではないだろうか[注]。もっとも、これまで述べてきたような規定の文理上、このようなケースの重加算税賦課についての説明振りは困難なものにならざるを得ない。

V　重加算税

(注)　隠蔽・仮装の時期を直接の争点としたものではないが、無申告による決定処分を受けた後、譲渡土地の取得費として架空の領収書を税務署長に提出して減額更正を受け、更にその後の増額再更正処分による重加算税の賦課を相当とした裁判例（静岡地裁昭和57年1月22日判決）があり、これが参考となろう。

　以上のように、隠蔽・仮装の時期を巡っては、いまなお難しい問題が一部残っており、立法上の手当てを含めた議論が必要ではないだろうか。

二　ことさら過少、つまみ申告等

　実務では、積極的行為としての隠蔽・仮装が明確でないケースもときおり見受けられる。極端なケースを挙げれば、例えば、最初から適正な申告をするつもりがなく（あるいは税を免れる目的で）、記帳等を行わず（あるいは正確に行われた記帳等を無視して）、関係書類等も漫然と散逸させて、無申告にする（あるいはことさらに過少な金額で申告したり、適当な金額を一部つまんで過少申告したり）といったケースである。このケースの場合、どのような行為が隠蔽・仮装に当たるのか（隠蔽・仮装と評価しうるのか）、という問題がある。

　ことさら過少、つまみ申告等は、これに対する重加算税賦課を認めた有名な最高裁判決やこれに続く裁判例等があり、その研究や議論は盛んに行われている。

　ことさら過少やつまみ申告等は、ことさらに過少な所得金額によって申告したり、所得の一部をつまんで過少申告したりするといったものであるが、事柄の性質上これを正しく定義することは難しい。重加算税賦課を認めた最高裁判決を参考に、一般には、「帳簿書類の隠匿、虚偽記載等はないものの、帳簿書類から算出し得る所得金額を過少に記載した内容虚偽の申告書及び決算書の提出（申告書のみの提出を含む。）をし、かつ、所得金額を過少に申告する意図を外部からも客観的にうかがい得る事実があるもの」と理解されている。ここでは一応このような理解に立って、「ことさら過少等」と称しておくこととしたい。

　ことさら過少等については、実務上も、具体的にどのように適用すべきか大きなテーマとなっていると思われる。

2　隠蔽・仮装

　既に述べてきたとおり、重加算税は、隠蔽・仮装をしたところに基づき過少申告をした場合等に賦課される。隠蔽・仮装は、その語義からも、課税要件となる事実について何らかの手を加える（施す）こと、すなわちその典型例としては帳簿書類の破棄、改ざん等といったような積極的行為（あるいは作為）と理解することが通常である。また、過少な納税申告書の提出それ自体が直ちに隠蔽・仮装に当たると解することは文理上疑義がある。

　しかし、重加算税の趣旨が、隠蔽・仮装という不正手段を用いた場合に過少申告加算税よりも重い行政制裁を課すことによって、隠蔽・仮装という悪質な納税義務違反の発生を防止し、適正な徴税の実現を図ることにある、という点を考えると、隠蔽・仮装は、国税当局による正確な課税標準等・税額等の把握を困難ならしめる行為と理解することも可能である。そしてそうした困難ならしめる行為は積極的行為だけではなく、消極的行為もあり得るところである。

　こうした点について、以下に紹介する最高裁判決によれば、具体的な積極的行為が認められない場合でも一定のものは隠蔽・仮装に含まれ得るのである。

　まず、平成7年4月28日最高裁第二小法廷判決を取り上げてみたい。
　この事案は、会社役員が所得税確定申告において、株式売買による所得（3年間で約2億4千万円の雑所得）を全く申告せず、給与所得等（3年間で約3千万円）のみを申告していたが、査察調査を受けて修正申告したものである。株式売買に当たっては他人名義での取引や預貯金をすることはなかったものの、一定の課税要件を満たす株式売買は申告が必要であることを証券会社や顧問税理士から注意を受けており、その課税要件を十分知っていたが、納税するつもりがなく、計算すらしていなかった。また、確定申告に当たって、顧問税理士から課税要件を満たしていれば申告が必要と何度も念押しされ、株式売買資料の提示を求められたが、課税要件を満たす所得はないと答えてその資料を全く示さなかったものである。

　この事案について最高裁は次のような判決理由を示し、重加算税の賦課を認めている。やや長いが引用しよう。
① 重加算税を課するためには、納税者のした過少申告行為そのものが隠ぺい、仮装に当たるというだけでは足りず、過少申告行為そのものとは別に、隠ぺ

い、仮装と評価すべき行為が存在し、これに合わせた過少申告がされたことを要するものであるが、重加算税制度の趣旨にかんがみれば、架空名義の利用や資料の隠匿等の積極的な行為が存在したことまで必要であると解するのは相当でなく、納税者が、当初から所得を過少に申告することを意図し、その意図を外部からもうかがい得る特段の行為をした上、その意図に基づく過少申告をしたような場合には、重加算税の右賦課要件が満たされるものと解すべきである。

② 税理士は、納税者の求めに応じて税務代理、税務書類の作成等の事務を行うことを業とするものであるから（税理士法2条）、税理士に対する所得の秘匿等の行為を税務官公署に対するそれと同視することはできないが、他面、税理士は、税務に関する専門家として、独立した公正な立場において納税義務の適正な実現を図ることを使命とするものであり（同法1条）、納税者が課税標準等の計算の基礎となるべき事実を隠ぺいし、又は仮装していることを知ったときは、その是正をするよう助言する義務を負うものであって（同法41条の3）、右事務を行うについて納税者の家族や使用人のようにその単なる履行補助者の立場にとどまるものではない。

③ 納税者は、株式等の売買による所得を申告しなければならないことを熟知していながら、顧問税理士から右売買による所得の有無について質問を受け、資料の提出を求められたにもかかわらず、確定的な脱税の意思に基づいて、その所得を同税理士に対して秘匿し、何らの資料も提出することなく、過少な申告書を作成させて提出したのであり、このことは、当初から所得を過少に申告することを意図し、その意図を外部からもうかがい得る特段の行動をしたものといえ、このような納税者の行為は隠ぺい又は仮装に該当する。

　上記の判決理由は、重加算税の賦課要件である隠蔽・仮装の意義等を理解する上で重要である。また、他の論点を考える上でも大きな示唆を与えるものである。
　一つは、本事案は、確定的な脱税の意思に基づいて過少申告をしたものであるが、重加算税賦課のためにはそれだけでは足りず、そうした過少申告そのものとは別に、隠蔽・仮装と評価すべき行為の存在があり、これに合わせた過少申告が必要である、という点である。故意による過少申告（すなわち脱税）で

あっても、重加算税賦課のためには、過少申告行為（過少な納税申告書の提出）そのものとは別に、隠蔽・仮装と評価すべき行為が必要ということである。

　また、もう一つが、架空名義や資料隠匿等の積極的行為の存在まで必要ではなく、当初から所得を過少に申告することを意図し、その意図を外部からもうかがい得る特段の行為をした場合には、隠蔽・仮装に当たる、という点である。つまり、いわば消極的な行為であっても隠蔽・仮装に当たる場合があるということである。

　次に、平成6年11月22日最高裁第三小法廷判決を取り上げてみよう。
　この事案は、金融業者が、正確な所得金額を把握しうる会計帳簿を作成していながら、3年間にわたり作為的に極めてわずかな（数％程度の）所得金額のみを記載した所得税確定申告書（いわばつまみ申告）を提出し続け、その後の税務調査に際しても内容虚偽の資料を提出するなどの対応をし、査察調査を受けて多額の申告漏れが判明した事案である。
　最高裁は、重加算税の賦課を認め、「納税者は……真実の所得金額を隠ぺいする態度、行動をできる限り貫こうとしているのであって、申告当初から、真実の所得金額を隠ぺいする意図を有していたことはもちろん、税務調査があれば、更に隠ぺいのための具体的工作を行うことをも予定していたことも明らかといわざるを得ない。以上のような事情からすると、納税者は、単に真実の所得金額よりも少ない所得金額を記載した確定申告書であることを認識しながらこれを提出したというにとどまらず、本件各確定申告の時点において、（略）真実の所得金額を隠ぺいしようという確定的な意図の下に、必要に応じ事後的にも隠ぺいのための具体的工作を行うことも予定しつつ、前記会計帳簿類から明らかに算出し得る所得金額の大部分を脱漏し、所得金額を殊更過少に記載した内容虚偽の確定申告書を提出したことが明らかである。したがって、本件各確定申告は、単なる過少申告行為にとどまるものではなく、国税通則法68条1項にいう税額等の計算の基礎となるべき所得の存在を一部隠ぺいし、その隠ぺいしたところに基づき納税申告書を提出した場合に当たるというべきである」とその理由を示した。

V 重加算税

　上記二つの最高裁判決では、いずれも査察事案であって、過少申告の意図（故意）は明確であったと考えられる。そうした前提の下、積極的な隠蔽・仮装行為は明確ではなかったものの、過少申告の意図を外部からもうかがい得る特段の行為をしたこと（平成7年判決）や、隠蔽のための具体的工作を行うことも予定しつつ、所得金額の大部分を脱漏して所得金額を殊更過少に記載した内容虚偽の確定申告書を提出したこと（平成6年判決）を、隠蔽・仮装に当たるとしている。また、両事案とも、ほぼ無申告ともいい得るような、申告漏れ所得金額が多額であったという背景もあったと推察される。

　これらの最高裁判決は、重加算税の規定をいわば合目的的に解釈した上で、様々な事実関係を総合して隠蔽・仮装を認定したものと考えられる[注]。

(注) 重加算税の趣旨目的等に照らし、全体の事実関係を総合勘案して隠蔽・仮装行為を合理的に判断する、という最高裁の考え方は、前述八の虚偽答弁等に通じるものがあるように思う。

　実務の観点から上記二つの最高裁判決をみると、ことさら過少等については、特段の行動等の有無だけではなく、過少申告の意図の明確性、申告漏れ所得金額の多寡なども、十分考慮すべき判断要素であるように思う。

　過少申告の意図は、これが明確に認定できるのであれば、その意図に基づく何らかの特段の行動も認定できるケースが実務上多いのではないかと考えられる。また、申告漏れ所得の金額が多額、あるいはその割合が高いということは、自身のおおよその所得金額等を知っているはずの納税者にとって過少申告の確固たる意図を推認させる間接事実となり得ると思われる。

　法人税重加通達をはじめ他税目の重加通達でも、ことさら過少等について直接記述したところは見当たらない。これは、上記最高裁判決でも分かるように、かなり特徴的な事実関係・論理構成であることや、調査事務運営に当たっては、明確かつ積極的行為である隠蔽・仮装の事実把握に極力努めるべきこと（ことさら過少等の論理よる安易な賦課は避けるべきこと）等を考慮したものであろう。

　ただし、課税実務上は、上記最高裁判決を拠り所にして、ことさら過少等の論理による重加算税賦課が行われていると考えてよい。

「ことさら過少」、「外部からうかがい得る特段の行動」といったキーワードで裁判例や裁決例を検索すると、所得税や相続税を中心に多数の事案があることが分かる（帳簿組織があることを前提とする法人税の場合には、ことさら過少等が問題となるケースが少ないのではないかと推測される。）。

これらの裁判例・裁決例を概観すると、裁判例では、社会正義や重加算税の趣旨目的等に照らし、一般国民からみて悪質と認められる納税義務違反に対して重加算税賦課を認めるもの（悪質な納税義務違反は許さないという強い姿勢のもの）が多いように見受けられる。一方、「特段の行動等」や「過少申告の意図」が認められない（隠蔽・仮装がない）等として重加算税賦課が取り消された裁決例も多数見受けられる。

(注) 例えば、直近の公表裁決事例では、平成28年3月30日、平成28年4月25日、平成28年5月13日、平成28年5月30日、平成28年7月4日、平成29年8月23日、平成30年1月11日、平成30年2月6日、平成30年3月29日等の各裁決でことさら過少等が否定されている。

もちろん、個々の事案の事実関係において具体的にどのような事実が、最高裁判決にあるような「過少申告の意図を外部からもうかがい得る特段の行動」や「殊更過少に記載した内容虚偽」に該当するかは難しい判断になるが、それ故にまた、国税当局はそれぞれの事案ごとに、丁寧かつ的確な事実認定に努めるべきであろう。

(注) 無申告事案（とりわけ所得税や相続税の事案）では、隠蔽・仮装という積極的行為はもちろんのこと、上記の「ことさら過少等」の過少申告の意図の有無を含め不正事実の認定が困難であって、したがって重加算税賦課が困難というケースが容易に想定される。過少申告より重大な義務懈怠とも考えられる無申告については、何らかの立法上の措置が必要ではないだろうか。この点、平成28年に法制化された前5年以内の繰返し加重措置（Ⅵ参照）では、繰返しの無申告加算税は15％＋10％の賦課割合となり、重加算税35％の賦課割合に近付いている。こうした立法措置は、無申告防止の一つの方策であると考えられる。

ホ 「偽りその他不正の行為」との関係

法人税法第159条第1項は、「偽りその他不正の行為により、第74条第1項第2号《確定申告》に規定する法人税の額……につき、法人税を免れ、又は第80条第7項……の規定による法人税の還付を受けた場合には、……10年以下の懲

V 重加算税

役若しくは千万円以下の罰金に処し、又はこれを併科する。」と、脱税の罰則規定を置いている。

　また、通則法第70条第4項は「偽りその他不正の行為」があった場合は更正決定等の期間制限（いわゆる除斥期間）を遡及する旨規定し、また、通則法第61条第3項は「偽りその他不正の行為」がある場合は延滞税の除算期間を設けない旨規定している。

　これらの規定の「偽りその他不正の行為」と重加算税の賦課要件である隠蔽・仮装との関係は、どのように考えられるであろうか。

　立法担当者による著書（志場喜徳郎ほか著「国税通則法精解（平成28年改訂）」770頁（大蔵財務協会））では、「重加算税の賦課要件である「隠ぺい、仮装」と罰則規則における「偽りその他不正行為」とは、現実には、多くの場合相互に一致して重なりあうであろうが、厳密には別個のものである。」としている。

　実務上は、上記の「多くの場合相互に一致して重なりあう」という見解を概ねそのまま受け入れて、両者の差をあまり意識せず取り扱っていることが多いのではないかと思われる。

　この点が顕著なのは延滞税の除算期間の取扱いである。延滞税は法定納期限の翌日から完納する日までの日数に応じて計算するが、期限内申告書提出後1年以上経過して修正申告書の提出等があった場合には、法定納期限から1年を経過する日の翌日から修正申告書提出等の日までは、延滞税の計算期間から控除（除算）される。しかし、前述のとおり、偽りその他不正の行為がある場合には控除（除算）しないと規定されているところ、この控除（除算）するかどうかは、実務上は、重加算税が賦課されたかどうか（隠蔽・仮装の有無）で判断しており、両者は一致している。

(注) 国税庁ホームページの「延滞税の計算方法」を見てみると、「重加算税が課された場合を除く。」と明記されている。

　次に、除斥期間の遡及規定との関係はどうであろうか。

　通則法は、国税の法定申告期限から5年を経過した日以後においては更正等をすることができないと規定する一方、「偽りその他不正の行為」によりその全部若しくは一部の税額を免れ、又はその全部若しくは一部の税額の還付を受

けた国税等についての更正等は、特例的に、7年遡及する旨の規定を置いている（通則法70①一、④一）。

　実務上、上記特例規定によって更正等の除斥期間を7年遡及するのは、重加算税を賦課する場合だけであろう。除斥期間遡及規定に関しても、偽りその他の不正行為と隠蔽・仮装とは、ほぼ同じものと実務上は理解されている。隠蔽・仮装があるとして重加算税を賦課する事案が7年遡及の検討対象とされ、そのうち高額・悪質等と認められる重加算税賦課事案だけが現実には除斥期間7年遡及の更正等が行われていると考えられる。

　しかし、厳密には別個のものであり、そのことを示したと思われる裁判例があるので紹介したい。

　「ロ　隠蔽・仮装の行為の主体（行為者）」でも紹介したＯＢ税理士が現職の税務職員と共謀して隠蔽仮装行為を行ったという事案（東京高裁平成18年1月18日判決）においては、除斥期間を遡及した更正処分が行われるとともに、重加算税が課されており、そのいずれもが争点となっている。ロで述べたとおり重加算税の賦課決定処分は取り消されたが、除斥期間を遡及した更正処分については維持されている。

　その理由について裁判所は、除斥期間を遡及する規定は納税者本人が偽りその他不正の行為を行った場合に限らず、納税者から委任を受けた者が偽りその他不正の行為を行い、これにより納税者が税額の全部又は一部を免れた場合にも適用されるものと解すべきであるところ、納税者が申告手続を委任した税理士が偽りその他不正の行為を行い、これにより納税者が所得税に係る税額の一部を免れたことについては争いがないから、除斥期間の違法は認められないとした（東京高裁平成18年1月18日判決）。

　この裁判例では、行為の主体（行為者）という点において、「隠蔽・仮装」と「偽りその他の不正行為」の違いが現れている。第三者による行為の場合、隠蔽・仮装は納税者の行為と同視できるかどうかが問題となり得るが、偽りその他不正の行為についてはそうしたことは問題になり得ないということである。

　なお、この裁判例では、除斥期間を遡及する規定は、課税権について時的限界を規定するものであり、納税義務自体の消長又は納税義務の多寡を規定するものでなく、偽りその他不正の行為による申告行為等、課税当局の発見、調査

が妨げられるような事情があった場合に、その例外を規定するものであって、これは偽りその他不正の行為をした者への制裁を目的としたものではない、と判示されている（神戸地裁昭和57年4月28日判決も同旨）。

　除斥期間を遡及する規定は、正当な税額を納付するものであって納税者に特別な不利益を与えるものではない、という趣旨の判示であろう。この判示に従えば、除斥期間を遡及する規定は、同じ「偽りその他不正の行為」であっても、制裁を目的とした罰則規定（脱税）の「偽りその他の不正行為」よりも、具体的事案の適用範囲は広いということになり得る（実務においても、脱税の「偽りその他不正の行為」よりも広く取り扱われているだろう。）。

　更に、罰則規定の「偽りその他不正の行為」については、逋脱の意図をもって、その手段として税の賦課徴収を不能若しくは著しく困難ならしめるような何らかの偽計その他の工作を行うことをいうと解されている（最高裁昭和42年11月8日大法廷判決）。

　この罰則規定である「偽りその他不正の行為」と「隠蔽・仮装」との関係の説明は更に難しい。ただ、これまで紹介してきた裁判例等からは、隠蔽・仮装との違いはいくつか見えてきそうである。一つは前述した行為の主体（行為者）という点である。

　もう一つは、罰則規定の「偽りその他不正の行為」には過少申告の認識（故意）が必要だが、重加算税賦課のためには過少申告の認識（故意）は必要ないものの、故意による隠蔽・仮装行為が必要であるという点である。理論的には、故意による過少申告で「偽りその他不正の行為」に該当して罰則規定の適用がある場合であっても、隠蔽・仮装と評価すべき行為がなければ重加算税の賦課はできないということもあり得ることになる。

　実務では通常の税務調査で隠蔽・仮装による多額の不正所得が把握されることをきっかけに脱税事件に至るケースが多い。しかし、脱税事件では、検察当局が（国税局査察部とともに）捜査を担当し、厳格な故意（犯意）の立証、可罰的違法性、反社会性・反道徳性、金額の多寡等も考慮して処理されており[注]、税務調査における通常の課税処理（重加算税の賦課等）と単純に比較できるものではないように思う。

(注) 隠蔽・仮装が把握されるのは法人税調査で年間約2万件であるが、査察告発件数は全税目で年間百数十件である。

なお、隠蔽・仮装と偽りその他不正の行為については、課税の取扱いや裁判例において整合性のある解釈が行われておらず、取扱いの明確化や立法上の措置による解決が必要とする指摘がなされている(注)。

(注) 品川芳宣著「国税通則法の理論と実務」315頁（ぎょうせい）

3　重加対象税額等の計算、課税年度等

これまで述べてきた「隠蔽・仮装」のほか、重加算税については、対象となる税額計算や課税年度等の取扱いを理解しておくことも、実務上重要である。

法人税重加通達では、「第3　重加算税の計算」としてその取扱いを定めているので、これに沿って順次説明していきたい。

(注) 連結法人税重加通達や地方法人税加算税通達においても、以下と同様の取扱いが定められている。

(1) 重加対象税額の基本的な計算

過少申告加算税は、修正申告書の提出又は更正があった場合に、その修正申告又は更正に基づき通則法第35条第2項の規定により納付すべき税額（すなわち追加本税額）に対して賦課される（通則法65①）。このため、過少申告加算税に代えて賦課される重加算税は、過少申告加算税の額の計算の基礎となるべき税額（修正申告等による追加本税額）を対象に賦課されることになる（通則法68①）。またこれと同様に、無申告加算税又は不納付加算税に代えて賦課される重加算税は、無申告加算税又は不納付加算税の額の計算の基礎となるべき税額を対象に賦課されることになる（通則法68②③）。

修正申告書の提出・更正等が複数回あれば、それぞれの修正申告・更正等ごとに、それぞれの追加本税額を対象に賦課されるということになる。

なお、再更正が減額更正であった場合には、その減額の対象となった税額(この処理が2回以上あるときは最も古い処理)の直前の申告又は処理に係る税額とその減額等をした後の税額との差額により加算税額の洗替え計算を行うこと

V　重加算税

になる。

　また、例えば、調査によって棚卸計上漏れ300（過少対象）を加算した更正処分が行われ過少申告加算税が賦課されたが、再調査の結果、棚卸計上漏れではなく、売上除外400（重加対象）であったことが判明したため、再処理によって100を加算（売上400加算、当初処理の棚卸計上漏れ分300減算）する更正処分が行われた場合、加算税の賦課はどのように行われるだろうか。この場合には、①当初処理の過少申告加算税を取り消して重加算税を賦課（変更決定）する、②再処理（100加算分）の更正処分による税額に重加算税を賦課する、という二つの処理が行われることになる。これは修正申告や更正等ごとに、それぞれの追加本税額を対象に加算税賦課を行うという上記原則に基づくものである。

　更に、重加算税は、不正事実に基づく税額（以下「重加対象税額」という。）に課されることになるから、例えば、試験研究費の架空計上があった場合、所得に対する法人税額が増加するとともに、架空計上した試験研究費を「試験研究費の税額控除制度（措置法42の4）」の対象としていたときは当該税額控除の否認額についても、重加対象税額となる。損金算入していた費用が不正事実に基づく使途秘匿金であったことが判明した場合には、所得に対する法人税額だけでなく、使途秘匿金課税（措置法62）により追加課税される40％相当額の法人税額についても、重加対象税額となる。

　このように、不正事実に基づく試験研究費や使途秘匿金の計上という所得計算によって直接に生じる税額だけでなく、不正事実にいわば連動して（関連して）計算される税額は全て重加対象税額となる。

(注)　不正事実があることを原因として、その結果生じた追加本税額は全て重加算税対象となる、という基本的な考え方である。通則法第68条第1項等に規定する「基づき」は、実務上はこのように理解されている。

　なお、当然のことであるが、修正申告等による追加本税額が生じない場合（例えば、修正申告等が欠損金額を減少させるものである場合など）には、重加算税も過少申告加算税も賦課されないことになる。

(2) 重加対象税額と過少対象税額の区分計算等
イ 上積み計算

　調査による更正等（更正、決定、修正申告又は期限後申告をいう。以下同じ。）の内容が、不正事実に基づくものと不正事実に基づかないものの両方が含まれていた場合でも、重加算税は、不正事実に基づく税額（重加対象税額）のみに賦課されることになる。

　この場合の重加対象税額は、その基因となった更正等があった後の税額から不正事実以外の事実だけに基づいて計算した税額（過少対象税額）を控除して計算し（通則法68①ほか）、この過少対象税額は、不正事実以外の事実（過少対象所得）のみに基づいて更正等があったものとした場合に納付すべき税額と規定されている（通則令28①ほか）。また、過少対象税額の計算の基礎となる所得金額は、その更正等のあった後の所得金額から不正事実に基づく所得金額（重加対象所得）を控除した金額を基に計算する（法人税重加通達第3の1）。

　区分計算におけるこれらの原則は、実務上重要である。

　簡単な設例で説明しよう。

【設例1】

	所得金額	法人税額
当初の確定申告	100	20（税率20％とする）
調査後の修正申告	800（※）	160

※架空仕入（重加対象／買掛金）300、棚卸計上漏れ（過少対象）400

　まず　過少対象税額は、棚卸計上漏れ400（不正事実以外の事実）のみに基づいて更正等があったものとして、すなわち所得金額500（当初申告額100＋棚卸計上漏れ400）の更正等があったものと仮定し、その場合の税額が100と計算されれば、当初申告税額20との差額80として計算する。そして調査による追加本税額140（160－20）から、過少対象税額80を控除した60が重加対象税額となる。この結果、重加算税は、重加対象税額60に対して賦課されることになる。

　上記の区分計算は複雑なように見えるが、実は簡単である。つまり、更正等の

Ⅴ　重加算税

内容に、不正事実に基づくものと不正事実に基づかないものの両方が含まれている場合には、2回の更正等があったものと仮定して計算するというものである。

　まず1回目は、過少対象所得のみによる更正等があったものと仮定して税額を計算し、この1回目の更正等による追加本税額を過少対象税額とするものである。そして更に重加対象所得を加算して2回目の更正等があったものとした法人税額（これは本来の追加本税額と一致）から、1回目の仮定計算による税額（過少対象税額）を控除した金額を重加対象税額とする。重加対象税額はいわば上積み計算で求めるのである。

(注)　更正等の内容が、①不正事実に基づくもの、②不正事実に基づかないもの及び③過少申告加算税が賦課されない「正当理由」に基づくものの三つのものが含まれている場合には、3回の更正等があったものとして計算することになる。すなわち、1回目は正当理由によるもののみの更正等があったものとして正当理由に基づく税額を計算し、2回目は更に過少対象所得を加えた更正等があったものとして過少対象税額を計算する、といったようにそれぞれの上積み計算を行うことになる。

　また、確定申告が例えば△200の欠損金額であり、税務調査で売上除外150（重加対象）と棚卸計上漏れ100（過少対象）が把握された場合、1回目の仮定計算（過少対象所得のみ加算）では△100の欠損金額となり、調査後の所得金額50は重加対象所得となるから、調査後の所得金額50に係る税額の全額が重加算税の対象となる。これも上記と同様、2回の更正等があったものとして計算する（上積み計算する）ことの帰結である。

　更に、上記の区分計算において、1回目の過少対象所得のみの更正等があったものと仮定した場合の税額計算は、この1回目の仮定計算によって増減する他項目の所得金額等も含まれることに注意を要する。

3　重加対象税額等の計算、課税年度等

【設例2】
1　確定申告の状況
　　所得金額　1,000　（左のうち寄附金の損金不算入額100）
　　法人税額　　200　（税率20%とする）
2　調査否認事項
　　売上除外（重加対象）　　400
　　償却超過額（過少対象）　200
3　調査後の修正申告の状況
　　所得金額　1,588　（左のうち寄附金の損金不算入額88）
　　法人税額　　317

　設例2では、調査否認事項に寄附金それ自体は含まれていないが、寄附金については所得金額（申告書別表四「25の①」）の増減によってその損金算入限度額も増減し、損金不算入額が増減するケースがある。

　設例2では、当初申告額1,000に過少対象所得である償却超過額200を加算した更正等があったものとして1回目の仮定計算を行うが、所得金額増加に伴って寄附金の損金算入限度額が増加して損金不算入額が96に減少した場合には、この1回目の仮定計算においては所得金額1,196（当初1,000＋償却超過額200－寄附金の損金不算入額4）、法人税額239となり、過少対象税額は39（239－200）となる。そして、重加対象税額は78（調査による追加本税額117－過少対象税額39）として計算することになる。

　また、特定同族会社の留保金課税（法法67）の適用がある場合の区分計算についても注意を要する。
　特定同族会社が重加対象所得から留保した金額について課される法人税法第67条の規定による法人税額（留保税額）についても、所得に対する法人税額とともに重加算税賦課の対象となる。この場合、区分計算における1回目の仮定計算では、留保税額の計算の基礎となる法人税額、地方法人税額、住民税額等は、過少対象所得のみを加算した所得金額を基礎に計算する（法人税重加通達第3の4）。

V　重加算税

これも簡単な設例を取り上げてみよう。

【設例3】
○　調査否認事項
　交際費の損金不算入（重加対象・社外流出）　10,000
　売上げの繰延べ　（過少対象・留保）　　　　20,000

項　　目	確定申告	1回目の仮定計算	調査後の修正申告
(1)　所得金額	100,000	120,000	130,000
(2)　所得に対する法人税額（(1)×20％）	20,000	24,000	26,000
(3)　地方法人税額（(2)×4.4％）	880	1,056	1,144
(4)　留保税額（⑤課税留保金額×10％）	1,586	2,303	1,662
(5)　法人税額合計（(2)+(4)）	21,586	26,303	27,662
(6)　留保金課税の明細			
①　留保所得金額	80,000	100,000	100,000
②　住民税額（(2)×16.3％）	3,260	3,912	4,238
③　当期留保金額（①－(2)－(3)－②）	55,860	71,032	68,618
④　留保控除額（イ、ロ又はハのいずれか多い金額）	40,000	48,000	52,000
イ　積立金基準額（0と仮定する）	0	0	0
ロ　定額基準額	20,000	20,000	20,000
ハ　所得基準額（(1)×40％）	40,000	48,000	52,000
⑤　課税留保金額（③－④）	15,860	23,032	16,618

　上記計算では、追加本税額6,076（27,662－21,586）のうち、重加対象税額は1,359（27,662－26,303）、過少対象税額は4,717（26,303－21,586）となる。

　詳しい説明は省くが、重加対象所得は社外流出なので、重加対象所得の上積み計算を行うと、留保税額が減少する（所得基準額による留保控除額が増加する）ため、重加対象税額はその分だけ減少するという点がポイントである。

3　重加対象税額等の計算、課税年度等

設例2や設例3で分かるように、調査による否認事項と直接関係なくとも、否認事項と連動して、寄附金の損金不算入や、留保金課税、外国税額控除等の適用額に増減があり得るので、重加対象税額等の計算に影響があることになる。

ロ　過少申告加算税の二段階制との関係

　上記の区分計算と過少申告加算税のいわゆる二段階制との関係はどうなるであろうか。

　前記**設例1**で、更正等の内容が全て過少対象所得であった場合には、追加本税額140に対して過少申告加算税が賦課される。そして、過少申告加算税は、更正等による追加本税額が、期限内申告税額と50万円とのいずれか多い金額を超える場合は、その超える部分の金額については（通常の10％ではなく）15％の割合により賦課されるから（いわゆる二段階制。通則法65②）、追加本税額140のうち、50については10％、90については加重された15％の割合となる。重加算税は過少申告加算税に代えて賦課されるところ、**設例1**の重加対象税額60は、過少申告加算税の10％部分か、あるいは加重された15％部分のいずれに代えて賦課されるのか、という問題である。

　この点、重加算税は、15％に加重された過少申告加算税に代えて賦課するものとされている（通則令27の3①）。つまり、15％部分の過少申告加算税を優先して充てるのである。

　したがって、**設例1**の場合、追加本税額140は、60は重加算税、30は15％の過少申告加算税、50は10％の過少申告加算税、の対象となる。

八　重加算税額の端数計算・切捨て計算

　重加算税は、上記のとおり、重加対象税額と過少対象税額との区分計算を行ってその計算を行うが、加算税額の端数計算・切捨て計算は、重加算税と過少申告加算税とは別々に行う。計算した重加算税額が5千円未満であるときは、いわば少額不徴収として、その全額が切り捨てられ（通則法119④）、重加算税は賦課されないことになるが、その賦課されない部分は過少対象税額に含めないこととされている（法人税過少通達第3の5）。つまり、重加算税は過少申告加算税等に代えて賦課されるものであるが、共通説（**1**(1)ロ）の立場に立つと

151

しても、重加算税額の計算上切り捨てられた税額は切り捨てられたままとし、改めて過少申告加算税等の対象とするといったことはしない。これは通則法の規定上、端数計算・切捨て計算は別々に行うこととされているからである。

(3) 重加対象所得の計算

上記(2)の区分計算における1回目の更正等があったものと仮定した場合の計算の基礎となる所得金額は、前述のとおり、その更正等のあった後の所得金額から不正事実に基づく所得金額（重加対象所得）を控除した金額である（法人税重加通達第3の1）。

この重加対象所得の計算について、法人税重加通達に定められているものを含めその取扱いを述べておきたい。

イ 重加対象所得の減算項目

重加対象所得と過少対象所得のほか、経費認容等の所得の減算項目があった場合、この経費認容等はどちらの所得減算項目として扱うか、という実務上の問題がある。

例えば、売上除外（重加対象）200、交際費の損金不算入（過少対象）300のほか、経費計上漏れ△150があった場合、この経費計上漏れは、原則的には、過少対象所得から減算することになる（その結果、増差所得350は重加対象所得200と過少対象所得50となる。）。単なる誤謬や事実確認不足等による経費計上漏れは、重加対象所得（不正事実に基づく所得）とは関係がないということである。

一方、この経費計上漏れが、除外した売上げに係る仕入れの計上漏れ（直接原価）であった場合はどうであろうか。不正が発覚しないよう、売上げ・仕入れの両落しで除外する、というのは実務では時々見受けられる不正手段である。こうした場合には、重加対象所得（売上除外）から減算することが相当であろう（増差所得350は重加対象所得50と過少対象所得300となる。）。

また、棚卸除外の翌期認容額も重加対象所得の減算項目となる。

3　重加対象税額等の計算、課税年度等

【設例4】

X1期	棚卸除外	200
X2期	棚卸除外	250
	棚卸認容（X1期分）	△200
	償却超過（過少）	150

　設例4の場合、X2期における棚卸認容△200は、重加対象所得からの減算項目となり、X2期の増差所得200は、重加対象所得50、過少対象所得150として計算することになる。

　また、**設例4**で、X2期の棚卸除外250が、仮に架空仕入250であったとしても、X2期は重加対象所得50、過少対象所得150として計算する。これはX1期の棚卸除外に対応してX2期において棚卸200が認容されるからである。

　上記のように、重加対象所得といわば直接的ともいえるような対応関係がある認容項目は比較的理解しやすいが、この点に関して悩ましいのは、売上除外等による簿外資金から支出した販管費等の費用支出である。例えば、支払手数料といった費用が、売上除外等によってプールした簿外資金から支出されている場合はどのように取り扱われるだろうか。

　簿外資金からの費用支出は不正事実に該当するが（法人税重加通達第1の1(5)）、その費用支出がたまたま簿外資金から行われたものであって、そもそもの売上除外等とは関連がないケースも考え得るし、また売上除外等の不正が容易に発覚しないよう除外売上げに関連する手数料を簿外資金から支出したというケースも考え得る。

　このため、法人税重加通達では、不正事実による費用の支出等を認容する場合には、当該支出等が不正事実に基づく益金等（売上除外等）の額との間に関連性を有するものであるときに限り、不正事実に基づく益金等の額の減算項目とする、と定めている（法人税重加通達第3の2(1)）。

(注)　上記の支払手数料が、例えば、売上除外を行うために通謀した得意先関係者へ支払った手数料等（いわば脱税協力の手数料等）である場合には、租税負担減少を目的とした隠蔽・仮装行為のために要する費用（法法55①）に該当し、損金不算入となることに注意す

Ⅴ　重加算税

る必要がある。

【設例5】

X1期	売上除外	200
X2期	棚卸除外	150
	減価償却超過（過少）	200
	経費認容	△50

　設例5で、X2期の経費認容がX1期の売上除外による簿外資金から支出されてX1期の売上除外と関連性を有するものである場合は、経費認容△50は重加対象所得の減算項目となり、X2期の増差所得300は重加対象所得100と過少対象所得200、と取り扱われることになる。一方、関連性を有しない場合は、重加対象所得150、過少対象所得150となるのである。

　この取扱いは、売上除外等による簿外資金からの費用支出については、当該支出等が不正事実に基づく益金等（売上除外等）の額との間に関連性を有するものであるときに限って重加対象所得から減算するということである。またこの場合、不正事実に基づく益金等（売上除外等）の額と関連性を有するかどうかは、支出した費用の性質、内容等のほか、費用計上しなかった経緯等個々の事実関係に基づいて判断することとなるだろう。

(注)　所得税では、「不正事実に基づく収入金額を得るのに必要と認められるもの」を控除するとされており（所得税重加通達第3の2⑴）、上記法人税と同様に取り扱われている。

　更に、重加対象所得の減算項目に関して今一点、述べておきたい。
　粉飾決算等を目的として、意図的に費用等を計上しなかったり、架空の収益計上を行うことは、稀なことではあるが見受けられる事例である。こうした場合、費用認容や収益減額などの所得減算は、重加対象所得の計算上どのように取り扱われるであろうか。この点、重加算税は不正事実による「過少申告」ということが問題となるのであって、意図的な過大申告とは関係がないというべきであるから、こうした費用認容等は過少対象所得の減算項目とすることになろう。

3　重加対象税額等の計算、課税年度等

　例えば、当期において簿外交際費（全額損金不算入となるもの）捻出のため不正事実に基づく架空手数料300を計上したが、赤字決算となるため別途400の架空収益を計上し、またこれらのほか、減価償却超過額500（過少対象）があったとしよう。この場合には、架空の収益計上400は赤字決算回避のためであって、架空手数料計上とは関連性がないので重加対象所得から減算せず、過少対象所得から減算し、その結果増差所得400は、300を重加対象所得、100を過少対象所得として計算することになると考えられる。

□　交際費等又は寄附金の損金不算入額

　例えば、確定申告において中小法人等の交際費等の額が700万円あり、調査によって交際費等以外の科目で処理されていた費用のうち、不正事実（領収書の改ざん等）による交際費等の額250万円と、判定誤り等（過少対象）による交際費等の額150万円とが把握された場合、年800万円の定額控除額を損金算入限度額として選択しているときは、300万円を交際費等の損金不算入額として更正等を行うことになる。

　この損金不算入額300万円のうち重加対象所得となる金額は、損金不算入額300万円から、不正事実に基づく交際費等の額250万円がないものとした場合に計算される損金不算入額50万円（700＋150－800）を控除した金額、すなわち250万円として計算する（法人税重加通達第3の2(2)イ）。

　寄附金の損金不算入額の計算においても同様である。

　重加対象税額と過少対象税額の区分計算（上記(2)イ参照）でも、2回の更正等があったものとして計算しており、重加対象所得の計算においてもこの考え方がとられている。

【設例6】
1　確定申告の状況（資本金1億円超の法人）
　　所得金額　1,000　（左のうち交際費等の損金不算入額200※）
　　※接待飲食費400の50％相当額
　　法人税額　　200（税率20％とする）

V　重加算税

>   2　調査における否認事項
>   使途不明金（重加対象）　300　→接待飲食費のうち使途不明金に該当するもの。
>   償却超過額（過少対象）　120
>   交際費等（過少対象）　　180　→雑費のうち中元、歳暮等の贈答費用。
>   3　調査後の修正申告の状況
>   所得金額　1,450　（左のうち交際費等の損金不算入額230※）
>   ※100×50％＋180
>   法人税額　290

　設例6で交際費等のうち重加対象の使途不明金300があったため、これを除外して交際費等の損金不算入額を再計算して生じた認容額150は、重加対象所得から控除することになって、結局重加対象所得は150となる。このことは、2回の更正等があったと仮定した場合の計算結果と同じである。すなわち、確定申告の所得金額1,000に不正事実に基づかない事実（償却超過と過少対象の交際費等）による所得を加算すると、所得金額1,300（左のうち交際等の損金不算入額＝400×50％＋180＝380）、法人税額260となる。そして当初申告税額との差額60は過少対象税額となり、調査後の法人税額290との差額30は重加対象税額になる。

八　欠損金額の過大控除額

　青色申告法人のX1期の確定申告が△500（欠損金額）、X2期の確定申告が0（控除前所得350－欠損金繰越控除350）であったとしよう。調査によりX1期において重加対象120、過少対象180の否認事項が把握された場合（つまりX1期の正当な欠損金額は200。なおX2期は否認事項なし。）、X2期の所得金額は150（控除前所得350－欠損金繰越控除200）となる。つまりX2期では、過大な欠損金控除150があったことになるが、この過大控除額は、まず不正事実に基づく過大控除部分の欠損金額から成るものと取り扱われ（法人税重加通達第3の2(3)）、120は重加対象所得、30は過少対象所得となる。

(注) X2期が重加算税の賦課年度となる点は後述(4)のとおりである。

　この取扱いも、ロ及び前述(2)イの上積み計算と同様の考え方である。検証してみよう。X1期の否認事項が過少対象180のみと仮定した場合、X2期の所得金額は30（控除前所得350－欠損金繰越控除320）となるから、X2期の最終の（正当な）所得金額150との差額120は重加対象所得になるということである。

二　消費税（税抜経理）における雑益、控除対象外消費税額等

　実務では、消費税（地方消費税を含む。以下同じ）の会計処理について税抜経理方式を適用している法人が多いと思われるが、税抜経理の場合、簡易課税を採用しているときや、課税売上割合が100％でないときは、仮受消費税から仮払消費税を控除した金額と納付すべき消費税額との差額は、当該事業年度の法人税の損益に含まれることになる。この損益は重加対象所得に含まれるだろうか。

A　簡易課税の雑益

　課税売上除外550（消費税10％税込み）があった場合、税抜経理方式では、これに係る消費税50は仮受消費税としていったん処理されることになる。そして、簡易課税を選択している法人が、課税売上除外により納付すべき消費税額が15（製造業：みなし仕入率70％）となった場合、仮受消費税との差額35は、当該事業年度の雑益として法人所得に加算することになる（平成元年3月1日直法2－1「消費税法等の施行に伴う法人税の取扱いについて」「6」）。この雑益は、課税売上除外によって必然的に発生するものであるため、不正事実に基づくものに該当し、法人税の重加算税の対象となる。

(注) 納付すべき消費税額15は、消費税の重加算税の対象となる(2(3)ロ参照)。

B　控除対象外消費税額等

　課税売上除外等の不正事実があったため、課税売上割合及び控除対象外消費税額等が変動し、控除対象外消費税額等の損金算入額（法令139の4）が過大となる場合がある。この過大となった損金算入額は、納付すべき消費税額の計算結果として発生するもの（いわば跳ね返り）であって、一般的に隠蔽・仮装の意図は薄いと考えられる。また区分計算も複雑なものとなる。このため、実務上は重加算税の対象としない（過少申告加算税の対象とする）

Ⅴ　重加算税

ものとして取り扱われている。

（注）上記とは逆に、控除対象外消費税額等の損金算入額が増加する場合には、過少対象所得から控除することになる。

C　交際費等に係る控除対象外消費税額等

　税抜経理方式を適用している場合、交際費等の損金不算入額の計算（措置法61の4④）における交際費等の金額は、税抜金額を基に行うが、交際費等に係る控除対象外消費税額等がある場合にはこれを交際費等に含めて計算を行うことになる（平成元年3月1日直法2－1「消費税法等の施行に伴う法人税の取扱いについて」「12」）。

　課税仕入れの対象となる他の科目に交際費等を計上していた場合、当該交際費等に係る控除対象外消費税額等で交際費等に含めることとなる金額に係る「交際費等の損金不算入額」に対する加算税の取扱いはどのようになるであろうか。

　この場合には、更正後の課税売上割合に基づき、重加算税の対象となる交際費等に係る控除対象外消費税額等と過少申告加算税の対象となる交際費等に係る控除対象外消費税額等に区分して、それぞれ重加算税の対象、過少申告加算税の対象、と取り扱うことになる。

ホ　事業年度をまたがる不正事実

　例えば、甲社はX1期において青色欠損金の繰越控除が打切りとなるため架空の資産及び収益を計上して繰越控除の適用を受けた。また、X2期において当該架空資産の減価償却費又は除却損を計上した。この場合、X2期の減価償却費及び除却損を否認することになるが、これらの減価償却費等は架空計上であることに加え、繰越控除期間の延長を図り課税を免れる意図があることから、X2期の減価償却費等の否認額は、重加対象所得に該当する。

　また、次の**設例7**も事業年度をまたがる不正事実である。

【設例7】

乙社のX1期及びX2期の調査否認項目と金額

	項　目	否認金額
X1期	架空仕入 棚卸商品 償却超過（過少）	400 △100 50
X2期	売上原価	100

　設例7は、X1期に帳簿書類の改ざん等による架空仕入400があったが、そのうち100は棚卸商品に計上されていたため、X2期においては当該棚卸商品が売上原価に振り替えられて売上原価が過大計上になったものである。この場合、X1期の重加対象所得は300となり（50は過少対象所得）、また、X2期の過大売上原価100は帳簿書類の改ざん等という不正事実に基づくものであるから重加対象所得に該当する。

(4) 欠損金額の繰越しに係る重加算税の課税年度

　青色欠損金の繰越控除制度等（法法57等）により欠損金額の繰越控除を行っていた場合には、不正事実（隠蔽・仮装）があった事業年度と、実際に重加算税が賦課される事業年度とが異なる場合がある。

　すなわち、法人税重加通達第1の5では、「前事業年度以前の事業年度において、不正事実に基づき欠損金額を過大に申告し、その過大な欠損金額を基礎として欠損金額の繰越控除をしていた場合において、その繰越控除額を否認したときは、その繰越控除をした事業年度について重加算税を課すことになる」とし、また、「欠損金額の生じた事業年度は正しい申告であったが、繰越欠損金額を控除した事業年度に不正事実に基づく過少な申告があり、その後の事業年度に繰り越す欠損金額が過大となっている場合に、当該その後の事業年度において過大な繰越欠損金額を基礎として繰越控除をしているときも同様とする」とその取扱いを定めている。

　設例で説明しよう。

【設例8】
X1期～X3期の確定申告（期限内申告）の状況

	所得金額
X1期	△500 　（青色欠損金額）
X2期	0 　（控除前所得200－欠損金控除200）
X3期	0 　（控除前所得280－欠損金控除280）

設例8で、税務調査によりX1期で売上除外150（重加対象）が把握された場合（X2期・X3期は否認事項なし）、X1期の正当な青色欠損金額は350となり、X3期の欠損金控除額130が過大（正当な欠損金控除額は150）となって、X3期の所得金額は130となる。この過大な欠損金控除は不正事実（売上除外）によるものであるので、X3期において重加算税が課されることになる。また仮に、X1期の否認事項が売上除外100（重加対象）、交際費の損金不算入50（過少対象）であった場合にもX3期の所得金額は130となるところ、X3期の過大欠損金控除額150は、まず不正事実に基づく過大控除部分の欠損金額から成るものとされるから（前記(3)ハ）、X3期において100に対して重加算税が、30に対して過少申告加算税がそれぞれ賦課されることになる。

更に、**設例8**で、X1期は正しい申告であったが、X2期において売上除外150（重加対象）が把握された場合（X1期・X3期は否認事項なし）、X1期の欠損金額は△500、X2期の所得金額は0（控除前所得350－欠損金控除350）、X3期の所得金額は130（控除前所得280－欠損金控除150）となる。この場合にも、過大な欠損金の繰越控除をしたX3期を課税年度として重加算税が賦課されることになる。

このように、欠損金の繰越控除を行っていた場合には、不正事実のあった事業年度でなく繰越控除をした事業年度が重加算税の課税年度となる場合があることに留意したい。

(注) 繰越控除をした欠損金額のうちに連結納税の承認取消し等により欠損金額とみなされた連結欠損金個別帰属額がある場合も、同様に取り扱われる（法人税重加通達第1の5(注)）。また、連結法人の連結グループ内の合併が連続する場合等の合併前事業年度において生じた欠損金額の損金算入等（法令112⑳）の適用等に当たっても、重加算税の課税年

160

度の取扱いが定められている(法人税重加通達第1の6、連結重加通達第1の6)。

(5) 不正に繰戻し還付を受けた場合の重加対象税額の計算

　青色申告書を提出する事業年度において生じた欠損金額がある場合には、その欠損金額を欠損が生じた事業年度（欠損事業年度）開始の日前1年以内に開始した事業年度（還付所得事業年度）の所得金額に繰り戻し、還付所得事業年度の法人税額の全部又は一部の還付を請求することができる（法法80、144の13）。いわゆる欠損繰戻し還付制度である。

(注) ただし、この欠損繰戻し還付制度は、原則、適用停止とされており、中小法人等である場合、解散等の事実がある場合、災害損失金がある場合等に限って適用がある（措置法66の13）。

　この欠損繰戻し還付制度による還付金額（税額）は、次の算式により計算される。

（算式）

$$還付所得事業年度の法人税額 \times \frac{欠損事業年度の欠損金額（分母金額が限度）}{還付所得事業年度の所得金額}$$

　上記により繰戻し還付を受けた場合において、欠損事業年度の欠損金額が過大であったときは、再計算を行って還付金額の取戻し（還付金額を減少させる増額更正等）が行われるが、当該欠損金額の計算の基礎となった事実のうちに不正事実に該当するものがあるときは、重加算税を賦課することになる（法人税重加通達第1の4）。このことは当然といえよう。

　また、この場合において、当該欠損金額のうちに不正事実に基づく部分と不正事実以外の事実に基づく部分とがあるときは、重加対象税額は、次の算式により計算した金額によることとされている（法人税重加通達第3の3）。

（算式）

$$欠損繰戻しによる還付金額（税額） \times \frac{不正事実に基づく欠損金額}{繰戻しをした欠損金額}$$

Ⅴ 重加算税

> 【設例9】
> 1　X1期及びX2期の確定申告（期限内申告）の状況
>
> | | 所得金額 | 法人税額（税率20%とする） |
> |---|---|---|
> | X1期 | 300 | 60 |
> | X2期 | △500 | 0（繰戻し還付請求60※） |
>
> ※　繰戻し還付税額60 ＝ X1期の法人税額 $60 \times \dfrac{300}{300}$
>
> 2　X2期の調査否認事項
>
> | 売上除外（重加対象） | 220 |
> |---|---|
> | 償却超過（過少対象） | 380 |
> | 否認金額計 | 600 |

　設例9の場合、X2期は所得金額100（当初申告△500＋調査否認600）・税額20となるほか、繰戻し還付金額（税額）60の取戻しが行われ、更正等による追加本税額は80となる。

　通則法第68条及び通則令第28条の規定に従い、重加対象分は上積み分となるから、まず所得金額から成るものとし、次に減少した繰戻し還付に係る欠損金額から成るものとし、更にその他の減少した欠損金額から成るものとして扱われる。

　このため、**設例9**の場合は、X2期の調査後の所得金額100は重加算税対象となり、減少した繰戻し還付に係る欠損金額300のうち120は重加算税対象、残りの180は過少申告加算税対象となる。

　重加対象税額44 ＝ 20（所得金額100に係るもの）＋繰戻し還付取戻し分24（※）

　※　24 ＝ 還付金額（税額）60 × $\dfrac{\text{不正事実に基づく欠損金額120}}{\text{繰戻しをした欠損金額300}}$

(6) 消費税における重加対象税額等の計算

　消費税の重加対象税額の計算についても、通則法第68条及び通則令第28条の

規定に基づいて行うから、重加対象税額は、その基因となった更正等があった後の税額から隠蔽・仮装をされていない事実だけに基づいて計算した税額（過少対象税額）を控除して計算することになる。この点はこれまで述べてきた法人税における計算と変わるところはない。

　ただ、消費税の計算構造等を考慮して、消費税加算税通達において次の取扱いが定められている。

イ　課税売上割合の変動等に伴う増減額

　消費税の重加算税は、不正事実が影響する消費税の増差税額を対象に課されるから、課税売上割合の変動等による消費税の増減額も重加対象税額に加減算することになる。

　すなわち、不正事実に基づく課税売上げ又は非課税売上げの除外があったことにより、課税売上割合が変動した結果、仕入税額控除が増加又は減少した場合には、更正等があった後の税額から、不正事実以外の事実だけに基づいて計算した税額（過少対象税額）を控除した残額が重加対象税額となる（消費税加算税通達第2のⅣの4）。

　簡易課税制度適用法人において、不正事実に基づく課税売上除外があったこと等により、みなし仕入率が変動した結果、仕入控除税額が増加又は減少した場合も同様である。

ロ　基準期間の課税売上高の増加により課税事業者になった場合等

　消費税は、原則として、基準期間（年1回決算法人の場合には前々事業年度）における課税売上高が1,000万円以下である事業者についてはその納税義務が免除される（消法9①）。いわゆる小規模事業者に係る納税義務の免除である。

　基準期間の不正事実に連動して、翌々課税期間が免税事業者から課税事業者になったケースを考えてみよう。

V　重加算税

【設例10】

	課税売上高	課税売上除外額
X1年3期（免税事業者）	900万円	200万円
X2年3期（免税事業者）	1,100万円	−
X3年3期（免税事業者）	1,300万円	100万円

　設例10の場合、X3年3月期は、基準期間（X1年3月期）の課税売上高が1,000万円以下で免税事業者としていたが、税務調査により、基準期間の課税売上高が1,000万円を超え、X3年3月期は課税事業者となることが判明したということになる。このような場合、X3年3月期において重加算税の対象となる課税売上高は1,400万円か、それとも100万円か、という疑問が生じる。基準期間の課税売上げを除外し1,000万円以下とすることによって翌々課税期間を免税事業者とした、という見方もできるからである。

　この点、X3年3月期が課税事業者になることによって増加する消費税額については重加算税を課さないこととし、重加算税の対象となる金額は100万円として取り扱うこととされている（消費税加算税通達第2のⅣの5）。

　実務上は、基準期間の課税売上除外との関連性が薄い（立証が困難）と考えて割切ったということであろう。

　なお、上記と同様、基準期間の課税売上高が5,000万円を超え、簡易課税制度の適用を受けられないことが判明した場合についても、これによって増加する消費税額についても重加算税を賦課しないことと取り扱われている（消費税加算税通達第2のⅣの5）。

(7)　**源泉所得税における重加対象税額等の調整計算等**
イ　不正事実に基づく認定賞与等がある場合の調整計算
　源泉所得税（復興特別所得税を含む。以下同じ。）についても、その不納付が不正事実に基づいているものに限り、重加算税の対象となる。そしてその重加対象税額の計算は、前述の法人税における計算と基本的に変わるところはない。

ただし、不正事実に基づく認定賞与等に係る源泉所得税の重加算税の税額計算については、納税者有利となる一定の調整計算を行うという、大きな特例が実務上設けられている。

例えば、帳簿書類の改ざん等による売上除外があり、その除外資金を代表者が費消しているというケースは、法人税実務ではしばしば見受けられる。

このようなケースにおける認定賞与の支給は、法人税・源泉所得税のいずれにおいても不正事実に該当する（前述の2(2)ホ及び2(3)ハ参照）。このため、法人税と源泉所得税のそれぞれで重加算税の対象となり得るが、実務上は、損金不算入となる認定賞与等（役員又は使用人の賞与、報酬若しくは退職給与と認められるもの又は配当等として支出したと認められるものをいう。以下同じ。）の金額のうち、法人税の重加対象所得に達するまでの認定賞与等の金額については、原則として、源泉所得税の重加算税の対象として取り扱わないこととしている（源泉重加通達第1の4）。

つまり一言でいえば、法人税で重加算税の対象とされた認定賞与等の金額は、法人税における重加算税を（いわば優先して）賦課し、その部分の金額は源泉所得税では重加算税の対象としない（不納付加算税の対象とし、重加算税を賦課しない）、と納税者有利に取り扱われているのである。これは、いずれも重加算税の対象とすると、重加算税・延滞税といった附帯税額の負担が相当重くなることを実務上配慮したものと考えられる。このような事例は実務上しばしば見受けられるので、留意しておきたい。

簡単な設例で説明しよう。

【設例11】

X1年3月期　調査否認事項（税抜経理）　計350万円

売上除外による認定賞与※	330万円
未払消費税（消費税率10％とする）	△30万円
償却超過（過少対象）	50万円

※認定賞与330万円の内訳　X0年7月　110万円
　　　　　　　　　　　　　X0年9月　165万円
　　　　　　　　　　　　　X0年12月　55万円

V　重加算税

　設例11では、売上除外による認定賞与330万円のうち、法人税において300万円が重加対象所得となるから、源泉所得税においては残額30万円の認定賞与が重加算税の対象（300万円は不納付加算税の対象）となる。
　また、源泉所得税に係る加算税の賦課決定は、所得の種類ごとに、かつ、法定納期限の異なるごとに別個の処分となるから（源泉不納付通達第2の4）、重加算税の賦課決定処分に当たっては30万円の支払年月を特定する必要がある。この点、「認定賞与等の金額のうち、法人税の重加算税の対象とされる所得の金額に達するまでの金額は、事業年度首から順に成っているものとして取り扱う」とされている（源泉重加通達第1の4（注））から、逆にいえば、源泉所得税において重加算税の対象となる金額は事業年度末から順に成っているものとして扱われることになる。**設例11**では、源泉所得税の重加算税の対象となる30万円は、X0年12月支払分として取り扱われる。延滞税の負担等を考えると、この点においても納税者有利に取り扱われていることになる。
(注) 法人税における不正事実は消費税においても不正事実となるから（**2**(3)ロ参照）、**設例11**では消費税において30万円が重加算税の対象となることに留意する必要がある。

　また仮に、**設例11**でX1年3月期の当初確定申告が△90万円の欠損金額であった場合には、法人税の重加対象所得は260万円となるから、源泉所得税は残額70万円（X0年12月支払分55万円、X0年9月支払分15万円）が重加算税の対象になる。

　上記の調整計算と税務調査対象期間との関連で一点敷衍しておきたい。
　税務署所管法人の税務調査は、法人税と源泉所得税は同時調査が行われ、その調査対象期間は、法人税は直近事業年度まで、源泉所得税は調査着手日までに法定納期限が到来したものまで、となるのが通常である。
　設例11で、X1年9月20日に税務調査が開始される場合には、法人税はX1年3月期まで、源泉所得税はX1年8月支払分（X1年9月10日法定納期限分）までが調査対象期間となろう。仮に、税務調査でX1年6月の売上除外による認定賞与110万円が把握された場合、法人税は進行中事業年度分であるから更正等の対象にはならないが（X2年3月期で法人が自発的に是正する）、源泉所得税

は調査是正の対象となる。この場合、法人税では重加算税の対象外であって上記調整計算の対象外となるから、源泉所得税では認定賞与110万円の全額が重加算税の対象になる。

ロ 不正事実に係るものとその他のものがある場合の区分計算

　源泉所得税が納付漏れとなった給与等又は退職手当等の金額のうちに、不正事実に係るものとその他のものがある場合には、重加算税の基礎となる税額は、当該不正事実に係るものをその他のものに上積みして計算した場合の当該不正事実に係るものに対応する増差税額による（源泉重加通達第3の6）。

　上積み計算という区分計算の方法は、法人税や消費税と同じであり、通則法第68条第3項及び通則令第28条第3項を根拠とするものである。

Ⅵ 前5年以内の繰返し加重措置

　平成28年度税制改正において、短期間に繰り返して無申告又は隠蔽・仮装が行われた場合には、無申告加算税又は重加算税の賦課割合を10％加重する措置（以下「繰返し加重措置」という。）が創設された。
　また、この繰返し加重措置の創設に伴い、加算税の取扱通達も一部改正が行われている。
　繰返し加重措置は、①無申告加算税と重加算税の二つの加算税に共通する措置であること、また、②法人税調査における不正発見割合（隠蔽・仮装が把握される割合）が約20％である現状からすると、繰返し加重措置の対象となる重加算税は比較的多いのではないかと思われることから、実務上も重要な内容である。
　そこで、本書では、無申告加算税・重加算税とは別項を設けて、繰返し加重措置の適用関係等について、説明することとしたい。

1　繰返し加重措置の概要等

(1)　趣旨及び概要

　繰返し加重措置が設けられた背景については、次のように、説明されている（財務省ホームページ「平成28年度　税制改正の解説」874頁及び875頁参照）。
　すなわち、改正前の無申告加算税又は重加算税の水準（割合）は、無申告又は隠蔽・仮装が行われた回数にかかわらず一律であるため、意図的に無申告又は隠蔽・仮装を繰り返すケースも多いことから、こうしたケースに対する行政制裁としての牽制効果は十分なものではないと考えられる状況にあった。こうした状況に対応し、悪質な行為を防止する観点から、過去5年以内に無申告加算税又は重加算税を賦課（源泉所得税の重加算税は「徴収」。以下同じ。）され

た者が、再び調査を受けて無申告又は仮装・隠蔽に基づく修正申告等を行った場合には、無申告加算税又は重加算税について10％加重する措置が創設されたのである。

　具体的には、期限後申告等（次の①から③までをいう。以下同じ。）があった場合において、その期限後申告等があった日の前日から起算して5年前の日までの間に、その期限後申告等に係る税目について無申告加算税（調査による更正又は決定を予知してされたものに限る。）又は重加算税を賦課されたことがあるときは、その期限後申告等に基づき賦課する無申告加算税（15％、20％）又は重加算税（35％、40％）の額は、その期限後申告等に基づいて納付すべき税額に10％の割合を乗じて計算した金額を加算した金額とする、というものである（通則法66④、68④）。

【期限後申告等】
① 期限後申告書又は修正申告書の提出（ただし、次のイからハまでを除く。）
　イ　期限内申告書の提出がなかったことにつき正当な理由がある場合
　ロ　期限内申告書を提出する意思があったと認められる場合
　ハ　調査があったことにより更正又は決定があるべきことを予知してされたものでない場合
② 更正又は決定
③ 納税の告知又は納税の告知を受けることなくされた納付

■ **繰返し加重措置による加算税割合**

加算税の区分		期限後申告等があった日前5年以内に同一の税目に対して無申告加算税又は重加算税を賦課された（徴収された）ことの有無	
^^	^^	無	有
無申告加算税		15％（20％）	25％（30％）
重加算税	過少申告加算税に代えて賦課されるもの又は不納付加算税に代えて徴収されるもの	35％	45％
^^	無申告加算税に代えて賦課されるもの	40％	50％

Ⅵ　前5年以内の繰返し加重措置

（注1）　太線枠部分が繰返し加重措置によるもの。
（注2）　かっこ書の割合は、二段階制により加重される部分（50万円を超える部分）に対する加算税割合。

　実務の観点からみると、この繰返し加重措置は、隠蔽・仮装や無申告を繰り返す納税者に対して、その牽制・防止効果が高いように思われる。

(2) 適用時期

　繰返し加重措置は、平成29年1月1日以後に法定申告期限又は法定納期限（以下「法定申告期限等」という。）が到来する国税について適用される（平28改正法附則54③）。
　そのため、平成28年12月31日以前に法定申告期限等が到来した国税については、繰返し加重措置は適用されない。

2　適用に当たっての留意事項

　この繰返し加重措置の適用に関しては、次の点に留意する必要がある。

(1) 繰返し加重措置の対象となり得る加算税（今回賦課分）

　繰返し加重措置の対象となり得る加算税は、期限後申告等に基づき賦課される「無申告加算税」又は「重加算税」である。
　したがって、無申告加算税又は重加算税、それぞれの賦課要件を満たす場合に、繰返し加重措置の適用を検討することになる。
　ただし、前述のとおり、次のイ～ハの無申告加算税は、繰返し加重措置の対象外とされている（通則法66④）。
イ　期限内申告書の提出がなかったことにつき正当な理由がある場合
ロ　期限内申告書を提出する意思があったと認められる場合
ハ　調査があったことにより更正又は決定があるべきことを予知してされたものでない場合

　上記のイ及びロについては、無申告加算税自体が賦課されないこと、また、ハについては、繰返し加重措置が悪質な行為を繰り返す者に対する牽制効果を高める観点から行うものであり、調査による更正等の予知前にされる自発的な

修正申告書又は期限後申告書の提出についてまで効果を及ぼす必要はないとの考えに基づき、繰返し加重措置の対象外とされたものである（前掲「税制改正の解説」875頁参照）。

(注) 無申告加算税の賦課割合は原則15％であるが、期限後申告書又は修正申告書の提出が、調査があったことにより更正又は決定があるべきことを予知してされたものでない場合は10％又は5％に軽減されるから、ごく簡単に言えば、こうした場合の無申告加算税は、繰返し加重措置の対象外となる。

また、重加算税に関しても、上記イ～ハに準ずる場合には、そもそも重加算税自体が賦課されないから（通則法68①②③）、繰返し加重措置の対象外となる。

なお、上記のとおり、繰返し加重措置は、無申告又は隠蔽・仮装が繰り返される場合における無申告加算税又は重加算税に関する措置であるから、過少申告加算税又は不納付加算税については、その賦課が繰り返されるような場合であっても、繰返し加重措置の対象にはならないことになる。

(2) 前5年以内に賦課された加算税（前回賦課分）

繰返し加重措置は、簡単にいえば、上記(1)の無申告加算税又は重加算税が賦課される場合において、前5年以内に無申告加算税又は重加算税が賦課されたことがあるときに適用される。つまり、短期間に繰り返し無申告加算税又は重加算税が賦課される場合である。

以下の説明においては、前後関係を明確にするために、便宜上、上記(1)の無申告加算税又は重加算税を「今回賦課分」と、前5年以内の無申告加算税又は重加算税を「前回賦課分」と述べることにしたい。

前回賦課分の加算税は、前5年以内に賦課された無申告加算税又は重加算税である。このため、過少申告加算税及び不納付加算税は対象外である。

また、無申告加算税については、調査があったことにより更正又は決定があるべきことを予知してされたものでない場合に賦課されたものは除かれている（通則法66④、68④）。つまり、原則適用の15％の無申告加算税が賦課された場合に限られている（ただし、所得税について国送法第6条第1項の規定により

Ⅵ 前5年以内の繰返し加重措置

財産債務調書等が提出された場合に5％の軽減措置を受ける場合を含む。）。

　無申告加算税について少し触れておきたい。例えば、2020年3月期法人税が無申告であったが、2020年7月に自発的な期限後申告書を提出し、2020年9月に無申告加算税（5％）が賦課（A）されたとしよう。その後、税務調査があり、2020年3月期法人税について過少対象所得の申告漏れを指摘されて2021年5月に修正申告書を提出した場合、この修正申告による追加本税額に対しては、過少申告加算税ではなく無申告加算税（15％）が賦課（B）されることになる（通則法66①二）。繰返し加重措置の適用に当たって、無申告加算税Aは前回賦課分となり得ないが、無申告加算税Bは前回賦課分となり得るから、その後Bの賦課から5年以内に、調査による無申告又は隠蔽・仮装があれば、その際には繰返し加重措置が適用されることになるということである。

　前回賦課分と今回賦課分との関係において、繰返し加重措置が適用される加算税の組合わせは、次の4通りである。

■ 前回賦課分と今回賦課分の組合わせのパターン

パターン	前回賦課分	今回賦課分
1	無申告加算税	無申告加算税
2	無申告加算税	重加算税
3	重加算税	無申告加算税
4	重加算税	重加算税

（注）源泉所得税について無申告加算税が賦課されることはないから、源泉所得税の場合は、重加算税＋重加算税の組合わせのみとなる。

　また、前回賦課分の無申告加算税又は重加算税は、実際に賦課されたものに限られているから、少額不徴収の規定等により実際に賦課されていない場合には、繰返し加重措置の対象外となる（法人税過少通達第2の4(3)、法人税重加達第2の1(1)など）。

　すなわち、計算した加算税の金額が5千円未満である場合には、いわば少額不徴収としてその全額が切り捨てられるところ（通則法119④）、前5年以内に無申告や隠蔽・仮装があったとしても、無申告加算税又は重加算税がこの規定

により全額切り捨てられて実際に賦課されていない場合は、繰返し加重措置の適用はないことになる。

　また、同様に、欠損金額による期限後申告書提出の場合や、隠蔽・仮装があったとしても重加対象所得が欠損金額の減少にとどまるような場合には、いずれも加算税の対象となる本税額が生じず無申告加算税又は重加算税は賦課されないから、このような場合も前回賦課分とはなり得ない。

　なお、適用時期との関係で一点敷衍すると、前述1(2)のとおり、繰返し加重措置は、平成29年1月1日以後に法定申告期限等が到来する国税について適用される（平28改正法附則54③前段）。このため、今回賦課分は、平成29年1月1日以後に法定申告期限等が到来する国税について賦課する無申告加算税又は重加算税である必要があるが、前回賦課分は、平成28年12月31日以前に法定申告期限等が到来した国税について賦課された無申告加算税又は重加算税もその対象に含まれることに留意する必要がある（平28改正法附則54③後段）。

(3)　前5年以内の判定

　繰返し加重措置における前5年以内の判定は、今回賦課分は「期限後申告等があった日」を基準日とする（通則法66④、68④）。
　この「期限後申告等があった日」とは、具体的には次に掲げる日となる。
イ　期限後申告書又は修正申告書の提出日
ロ　更正又は決定があった日
ハ　納税の告知があった日又は納税の告知を受けることなくされた納付の日
　他方、前回賦課分の基準日は、無申告加算税又は重加算税が賦課された日となる。
　そして、（今回賦課分の）期限後申告等があった日の前日から起算して5年前までの日までの間に、（前回賦課分の）無申告加算税又は重加算税が賦課されたことがあるときは、繰返し加重措置が適用されることになる（通則法66④、68④）。
　「（期限後申告等が）あった日の前日から起算して5年前までの日」（通則法66④、68④）とは、期限後申告等があった日がX8年10月20日であったとすると、

Ⅵ 前5年以内の繰返し加重措置

起算日はX8年10月19日、「5年前までの日」はその応当日であるX3年10月19日となる。

■ **法人税申告に係る加算税の加重措置適用の判定について**

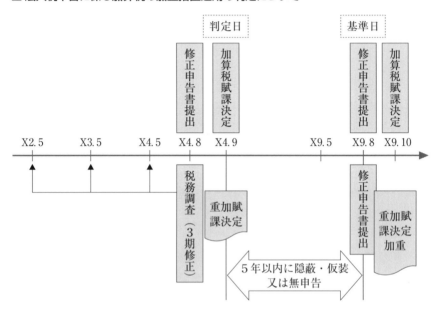

　前5年以内の判定に関して重要なことは、今回賦課分の基準日はあくまでも「期限後申告等があった日」であり、その前日から起算して5年前までの日までの間に、前回賦課分の無申告加算税又は重加算税が賦課されたことがあったかどうかで判定すると規定されていることである。したがって、法人税における事業年度、消費税における課税期間、あるいは源泉所得税における法定納期限などは、考慮する必要がない、ということである。

　極端なケースをあえて考えてみよう。例えば、2020年3月期の法人税について、2022年10月調査による修正申告書が2022年11月15日に提出され、これに対して重加算税を賦課するケースを例にしよう。この場合、今回賦課分の基準日は修正申告書提出日の2022年11月15日となる。

　このケースの場合、直前の無申告加算税又は重加算税の賦課が次のイからハ

までの場合には、いずれも前5年以内に該当することから、繰返し加重措置の適用があることになる。

イ 2014年3月期の法人税について、2018年2月20日に重加算税が賦課されていた場合
ロ 2020年3月期の法人税がもともと無申告であったため、調査により決定が行われ、2020年12月20日に無申告加算税（15％）が賦課されていた場合
ハ 2021年3月期の法人税について、2022年4月15日に重加算税が賦課されていた場合

(注) ロ及びハの場合、2020年3月期に係る2022年10月調査は、新たに得られた情報に基づく再調査（通則法74の11⑥）を前提としている。

今回賦課分（2020年3月期分）との関係を事業年度に限って注目すると、イは5年超、ロは同一事業年度、ハは逆転している、ということになるが、このような場合もあり得るであろう。

(4) 同一の税目に属する国税

繰返し加重措置は、今回賦課分の期限後申告等に係る「国税の属する税目」について、前回賦課分の無申告加算税又は重加算税が賦課されていた場合に適用される（通則法66④、68④）。つまり、繰返しかどうかは、同一の税目ごとに判定することになる。

例えば、今回賦課分が法人税に係る重加算税である場合において、前5年以内に消費税に係る重加算税が賦課されていたとしても、法人税と消費税は「税目」が異なるので、繰返し加重措置の適用はない、ということである。

また、法人税と地方法人税についても税目が異なるので、それぞれごとに判定することになる。法人税と地方法人税は、実務上1枚の申告書であることや、法人税における隠蔽・仮装は地方法人税における隠蔽・仮装にも該当するから（地方法人税加算税通達第4の1）、どちらか一方についてのみ無申告加算税や重加算税が賦課されることは、通常はないであろう。

ただし、前述のとおり、前回賦課分の無申告加算税又は重加算税は、実際に賦課されたものに限られているから、法人税について重加算税が賦課されていても、地方法人税について少額不徴収の規定（通則法119④）により賦課され

ていない場合には、今回賦課分においては、法人税は繰返し加重措置の対象となるが、地方法人税は繰返し加重措置の適用対象外となる。このようなケースもあり得るということである。

(注) 消費税と地方消費税も別の税目であるが、加算税の計算においては両者を合計して行うから(地法附9の9ほか)、少額不徴収の規定等によって地方消費税の加算税のみが賦課されないケースは、通常はないように思う。

「同一の税目」に関しての例外を説明しよう。

この繰返し加重措置の適用に当たっては、「所得税及び復興特別所得税は、同一の税目に属する国税とみなす。」と、みなし規定^(注)が置かれている（復興特別所得税令13③二）。このため、前5年以内に、所得税について無申告加算税又は重加算税が賦課されていた場合には、復興特別所得税が少額不徴収等によって無申告加算税又は重加算税が賦課されていなかったときであっても、今回賦課分の無申告加算税又は重加算税は、所得税だけでなく復興特別所得税についても繰返し加重措置の対象となり得ることになる。

(注) このようなみなし規定があるのは、所得税及び復興特別所得税だけであると思う。

なお、源泉徴収に係る所得税及び復興特別所得税とこれ以外の所得税及び復興特別所得税については、同一の税目として取り扱わないこととされている（源泉重加通達第2の5(2)）。これは、個人事業者等については、自分自身の申告所得税といわば源泉徴収義務者としての源泉所得税は、法律上の税目は同じ「所得税」であるものの、繰返し加重措置の適用上は別の税目として取り扱う、というものと思われる。

(5) 連結納税、分割又は合併における判定

繰返し加重措置は、短期間に繰り返して無申告又は隠蔽・仮装が行われた場合の措置であり、当然のことながら、その判定は納税義務者ごとに行う。

ただし、法人税については、連結納税のように複数の法人が一の納税義務者として申告納税を行う場合や、分割、合併といった組織再編成があった場合のように、無申告又は隠蔽・仮装の行為者と無申告加算税又は重加算税が賦課される者が異なる場合があるから、その判定をどのように行うべきか疑義が生ず

る場合がある。

この点に関しては、連結重加通達や法人税重加通達等において、以下の取扱いが示されているので紹介したい。

イ 連結納税

連結納税制度は、連結法人（連結親法人又は当該連結親法人との間に連結完全支配関係がある連結子法人をいう。以下同じ。）を一つの納税単位、すなわち複数の法人を一つの納税単位として、連結親法人がそのグループの納税義務者となり法人税の申告納税を行うものである。

このため、重加算税を例にとると、連結納税にあっては、連結親法人による隠蔽・仮装行為はもちろんのこと、連結子法人による隠蔽・仮装行為であっても、連結親法人に対して重加算税が賦課される。

こうしたことから、連結法人の行為に基因する無申告加算税又は重加算税は、連結親法人が賦課されたことがあるものとして取り扱われる（連結重加通達第2の1(2)）。換言すれば、連結子法人による隠蔽・仮装行為であっても、重加算税は連結親法人に対して賦課されるから、連結子法人に対して賦課されたものとして取り扱わない、ということである。

この取扱いは、連結納税にあっては（隠蔽・仮装行為あるいは無申告の行為者が誰であったかにかかわらず）、実際に無申告加算税又は重加算税が賦課された（あるいは賦課する）納税義務者ごとに、繰返しかどうかを判定するというものである。

また、連結納税の承認、取消し等によって、連結納税か、通常の単体による申告納税かは変更されることがあり得るが、こうした変更の場合にも、実際に賦課された納税義務者によって判定する、という取扱いは同じである。

すなわち、連結親法人の連結納税適用前の各事業年度の法人税、すなわち単体納税の法人税について無申告加算税又は重加算税が賦課された場合であっても、連結親法人に対して賦課されたことがあるものとして取り扱う（連結重加通達第2の1(2)）。また、連結納税の取消し前や適用取り止め前の連結事業年度について無申告加算税又は重加算税が賦課されていた場合には、連結親法人であった法人について賦課されたことがあるものとして取り扱われる（法人税重加通達第2の1(2)）。

Ⅵ 前5年以内の繰返し加重措置

更に、連結子法人の連結納税適用前（単体納税）の各事業年度の法人税について無申告加算税又は重加算税が賦課されていたとしても、連結親法人に対して賦課されたことがあるものとしては取り扱わない（連結重加通達第2の1(2)の（注））。

以上のことを簡単な事例で説明しよう。

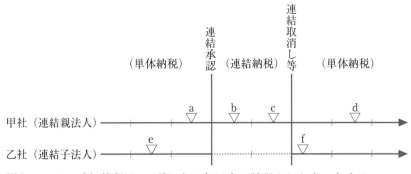

（注）a～fの重加算税は、いずれも5年以内に賦課されたものとする。

■【連結納税における繰返し加重の判定】

ケース	前回賦課分	今回賦課分	繰返し加重措置の適用
1	a	b又はc	有
2	b	c	有
3	b又はc	d	有
4	a	d	有
5	e	b又はc	無
6	e	f	有
7	b又はc	f	無

上記判定の一つのポイントは、b又はcの重加算税賦課は、その隠蔽・仮装行為が、連結親法人甲社によるものか、連結子法人乙社によるものかにかかわらず、納税義務者である連結親法人に賦課されているから、これに基づいて判定するということである。

したがって、b又はcの重加算税の隠蔽・仮装行為が連結子法人乙社による

178

2 適用に当たっての留意事項

ものであった場合でも、ケース7は、fについて繰返し加重措置の適用がなく、ケース3は、dについて繰返し加重措置の適用対象となる。

□ 分割

　無申告加算税又は重加算税が賦課された一の法人について、その後分割が行われた場合には、分割承継法人について賦課されたことがあるものとして取り扱わないこととされている（法人税過少通達第2の4(4)（注）、法人税重加通達第2の1(2)（注））。

　換言すれば、このような場合は、分割法人について賦課されたことがあるものとして取り扱うということである。また、分割前の重加算税賦課に係る隠蔽・仮装行為が、分割によって分割承継法人に移転した事業に関するものであっても、分割承継法人ではなく、分割法人に対して賦課されたことがあるものとして取り扱うということになる。

　更に、これらの取扱いは、分割型か分社型か、吸収か新設か、あるいは適格か非適格か、といった点は考慮する必要がないと考えられる。

　このような分割に関する取扱いは、上記イの連結納税と同様、ある意味形式的に、実際に賦課された納税義務者によって繰返しかどうかの判定を行うということであろう。

　吸収分割のケースを簡単な事例で説明しよう。

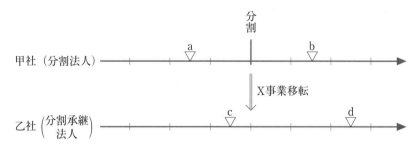

（注）a～dの重加算税は、いずれも5年以内に賦課されたものとする。

Ⅵ　前5年以内の繰返し加重措置

■【吸収分割における繰返し加重の判定】

ケース	前回賦課分	今回賦課分	繰返し加重措置の適用
1	a	b	有
2	a	d	無
3	c	d	有

　上記事例は、分割法人甲社が分割前に営んでいた複数の事業のうち、X事業が吸収分割によって分割承継法人乙社に移転した事例である。

　ケース2の場合、a又はdの重加算税賦課が、いずれも分割により移転したX事業に係る隠蔽・仮装行為に基因するものであったとしても、aは甲社に、dは乙社にそれぞれ賦課されるものであるから、繰返し加重措置の適用はない、ということになるであろう。

ハ　合併

　合併があった場合にも、上記イの連結納税や口の分割と同様、ある意味形式的に、実際に賦課された納税義務者によって繰返しかどうかの判定を行うと考えられるが、若干悩ましいのは、合併は法的にはいわば包括承継と理解されていることとの関係である。

　すなわち、合併法人は、被合併法人に課されるべき国税の納税義務を承継することとされており（通則法6）、例えば、被合併法人に係る法人税についての加算税賦課決定処分や更正・決定処分は、合併法人に対して行われることになる（これらの処分は、実務上、被合併法人に係るものであることを明示して行われている）。

　このため、繰返し加重措置の適用に当たっては、被合併法人の各事業年度の法人税について賦課された無申告加算税又は重加算税は、合併法人の行為に基因すると認められる場合に限り、当該合併法人について無申告加算税又は重加算税が賦課されたことがあるものとして取り扱うこととされている（法人税過少通達第2の4⑷、法人税重加通達第2の1⑵）。換言すれば、被合併法人に賦課されるべき無申告加算税又は重加算税が、被合併法人の納税義務を承継した合併法人に対して賦課されたとしても、合併法人の行為に基因すると認めら

れない場合には、合併法人に賦課されたものとしない（被合併法人に賦課されたものとする）、ということであろう。

また、この取扱いは、吸収か新設か、あるいは適格か非適格か、といった点は考慮する必要がないと考えられる。

この合併の取扱いを事例で説明しよう。

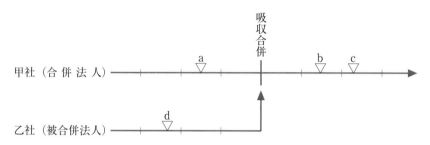

（注1）a～dの重加算税は、いずれも5年以内に賦課されたものとする。
（注2）bの重加算税は、被合併法人乙社の合併前の事業年度に係るものであり、乙社の納税義務を承継した甲社に対して合併後に賦課されたものとする。

■【吸収合併における繰返し加重の判定】

ケース	前回賦課分	今回賦課分	繰返し加重措置の適用
1	a	b	無（注）
2	a	c	有
3	b	c	無（注）
4	d	c	無

（注）bの重加算税が合併法人甲社の隠蔽・仮装行為に基因すると認められる場合は、適用「有」となる。

この事例のポイントは、bの加算税は、合併法人甲社に賦課されたものであるが、もともとは被合併法人乙社に賦課されるものを承継したという点と、合併法人の行為に基因するものは合併法人に賦課されたものとして取り扱うという点にあると思う。

Ⅵ 前5年以内の繰返し加重措置

　被合併法人の各事業年度の法人税について賦課された無申告加算税又は重加算税で、通達で示されている「合併法人の行為に基因すると認められる場合」とは具体的にどのようなケースがあるか、正直なところ判然としない。

　ただ、例えば、被合併法人の最後事業年度の法人税申告は、その納税義務を承継した合併法人が行うことになるところ、これが無申告となった場合や、申告に際して合併法人が隠蔽・仮装を行った場合などを通達は想定したのかもしれない。

　いずれにせよ、繰返し加重措置については、法施行が始まったところであり、この合併のケースを含め、今後の事例集約等を待つこととしたい。

巻末資料

国税通則法（第65条～第68条）

（過少申告加算税）

第65条　期限内申告書（還付請求申告書を含む。第3項において同じ。）が提出された場合（期限後申告書が提出された場合において、次条第1項ただし書又は第7項の規定の適用があるときを含む。）において、修正申告書の提出又は更正があったときは、当該納税者に対し、その修正申告又は更正に基づき第35条第2項《期限後申告等による納付》の規定により納付すべき税額に100分の10の割合（修正申告書の提出が、その申告に係る国税についての調査があったことにより当該国税について更正があるべきことを予知してされたものでないときは、100分の5の割合）を乗じて計算した金額に相当する過少申告加算税を課する。

2　前項の規定に該当する場合（第5項の規定の適用がある場合を除く。）において、前項に規定する納付すべき税額（同項の修正申告又は更正前に当該修正申告又は更正に係る国税について修正申告書の提出又は更正があったときは、その国税に係る累積増差税額を加算した金額）がその国税に係る期限内申告税額に相当する金額と50万円とのいずれか多い金額を超えるときは、同項の過少申告加算税の額は、同項の規定にかかわらず、同項の規定により計算した金額に、その超える部分に相当する税額（同項に規定する納付すべき税額が当該超える部分に相当する税額に満たないときは、当該納付すべき税額）に100分の5の割合を乗じて計算した金額を加算した金額とする。

3　前項において、次の各号に掲げる用語の意義は、当該各号に定めるところによる。

一　累積増差税額　第1項の修正申告又は更正前にされたその国税についての修正申告書の提出又は更正に基づき第35条第2項の規定により納付すべき税額の合計額（当該国税について、当該納付すべき税額を減少させる更正又は更正に係る不服申立て若しくは訴えについての決定、裁決若しくは判決による原処分の異動があったときはこれらにより減少した部分の税額に相当する金額を控除した金額とし、次項の規定の適用があったときは同項の規定により控除すべきであった金額を控除した金額とする。）

二　期限内申告税額　期限内申告書（次条第１項ただし書又は第７項の規定の適用がある場合には、期限後申告書を含む。次項第２号において同じ。）の提出に基づき第35条第１項又は第２項の規定により納付すべき税額（これらの申告書に係る国税について、次に掲げる金額があるときは当該金額を加算した金額とし、所得税、法人税、地方法人税、相続税又は消費税に係るこれらの申告書に記載された還付金の額に相当する税額があるときは当該税額を控除した金額とする。）

イ　所得税法第95条《外国税額控除》若しくは第165条の６《非居住者に係る外国税額の控除》の規定による控除をされるべき金額、第１項の修正申告若しくは更正に係る同法第120条第１項第５号《確定申告書の記載事項》（同法第166条《非居住者に対する準用》において準用する場合を含む。）に規定する源泉徴収税額に相当する金額、同法第120条第２項（同法第166条において準用する場合を含む。）に規定する予納税額又は災害被害者に対する租税の減免、徴収猶予等に関する法律（昭和22年法律第175号）第２条《所得税の軽減又は免除》の規定により軽減若しくは免除を受けた所得税の額

ロ　法人税法第２条第38号《定義》に規定する中間納付額、同法第68条《所得税額の控除》（同法第144条《外国法人に対する準用》において準用する場合を含む。）、第69条《外国税額の控除》、第81条の14《連結事業年度における所得税額の控除》、第81条の15《連結事業年度における外国税額の控除》若しくは第144条の２《外国法人に係る外国税額の控除》の規定による控除をされるべき金額又は同法第90条《退職年金等積立金に係る中間申告による納付》（同法第145条の５《外国法人に対する準用》において準用する場合を含む。）の規定により納付すべき法人税の額（その額につき修正申告書の提出又は更正があった場合には、その申告又は更正後の法人税の額）

ハ　地方法人税法第２条第19号《定義》に規定する中間納付額、同法第12条《外国税額の控除》の規定による控除をされるべき金額又は同法第20条第２項《中間申告による納付》の規定により納付すべき地方法人税の額（その額につき修正申告書の提出又は更正があった場合には、その申告又は更正後の地方法人税の額）

ニ　相続税法第20条の２《在外財産に対する相続税額の控除》、第21条の８《在外財産に対する贈与税額の控除》、第21条の15第３項及び第21条の16第４項《相続時精算課税に係る贈与税相当額の控除》の規定による控除をされるべき金額

ホ　消費税法第２条第１項第20号《定義》に規定する中間納付額

4　次の各号に掲げる場合には、第１項又は第２項に規定する納付すべき税額から当

該各号に定める税額として政令で定めるところにより計算した金額を控除して、これらの項の規定を適用する。
　一　第1項又は第2項に規定する納付すべき税額の計算の基礎となった事実のうちにその修正申告又は更正前の税額（還付金の額に相当する税額を含む。）の計算の基礎とされていなかったことについて正当な理由があると認められるものがある場合　その正当な理由があると認められる事実に基づく税額
　二　第1項の修正申告又は更正前に当該修正申告又は更正に係る国税について期限内申告書の提出により納付すべき税額を減少させる更正その他これに類するものとして政令で定める更正（更正の請求に基づく更正を除く。）があった場合　当該期限内申告書に係る税額（還付金の額に相当する税額を含む。）に達するまでの税額
5　第1項の規定は、修正申告書の提出が、その申告に係る国税についての調査があったことにより当該国税について更正があるべきことを予知してされたものでない場合において、その申告に係る国税についての調査に係る第74条の9第1項第4号及び第5号《納税義務者に対する調査の事前通知等》に掲げる事項その他政令で定める事項の通知（次条第6項において「調査通知」という。）がある前に行われたものであるときは、適用しない。

（無申告加算税）

第66条　次の各号のいずれかに該当する場合には、当該納税者に対し、当該各号に規定する申告、更正又は決定に基づき第35条第2項《期限後申告等による納付》の規定により納付すべき税額に100分の15の割合（期限後申告書又は第2号の修正申告書の提出が、その申告に係る国税についての調査があったことにより当該国税について更正又は決定があるべきことを予知してされたものでないときは、100分の10の割合）を乗じて計算した金額に相当する無申告加算税を課する。ただし、期限内申告書の提出がなかったことについて正当な理由があると認められる場合は、この限りでない。
　一　期限後申告書の提出又は第25条《決定》の規定による決定があった場合
　二　期限後申告書の提出又は第25条の規定による決定があった後に修正申告書の提出又は更正があった場合
2　前項の規定に該当する場合（同項ただし書又は第7項の規定の適用がある場合を除く。）において、前項に規定する納付すべき税額（同項第2号の修正申告書の提出又は更正があったときは、その国税に係る累積納付税額を加算した金額）が50万

円を超えるときは、同項の無申告加算税の額は、同項の規定にかかわらず、同項の規定により計算した金額に、その超える部分に相当する税額（同項に規定する納付すべき税額が当該超える部分に相当する税額に満たないときは、当該納付すべき税額）に100分の5の割合を乗じて計算した金額を加算した金額とする。

3　前項において、累積納付税額とは、第1項第2号の修正申告書の提出又は更正前にされたその国税についての次に掲げる納付すべき税額の合計額（当該国税について、当該納付すべき税額を減少させる更正又は更正若しくは第25条の規定による決定に係る不服申立て若しくは訴えについての決定、裁決若しくは判決による原処分の異動があったときはこれらにより減少した部分の税額に相当する金額を控除した金額とし、第5項において準用する前条第4項（第1号に係る部分に限る。以下この項及び第5項において同じ。）の規定の適用があったときは同条第4項の規定により控除すべきであった金額を控除した金額とする。）をいう。

一　期限後申告書の提出又は第25条の規定による決定に基づき第35条第2項の規定により納付すべき税額

二　修正申告書の提出又は更正に基づき第35条第2項の規定により納付すべき税額

4　第1項の規定に該当する場合（同項ただし書若しくは第7項の規定の適用がある場合又は期限後申告書若しくは第1項第2号の修正申告書の提出が、その申告に係る国税についての調査があったことにより当該国税について更正又は決定があるべきことを予知してされたものでない場合を除く。）において、その期限後申告書若しくは修正申告書の提出又は更正若しくは決定があった日の前日から起算して5年前の日までの間に、その申告又は更正若しくは決定に係る国税の属する税目について、無申告加算税（期限後申告書又は同号の修正申告書の提出が、その申告に係る国税についての調査があったことにより当該国税について更正又は決定があるべきことを予知してされたものでない場合において課されたものを除く。）又は重加算税（第68条第4項《重加算税》において「無申告加算税等」という。）を課されたことがあるときは、第1項の無申告加算税の額は、同項及び第2項の規定にかかわらず、これらの規定により計算した金額に、第1項に規定する納付すべき税額に100分の10の割合を乗じて計算した金額を加算した金額とする。

5　前条第4項の規定は、第1項第2号の場合について準用する。

6　期限後申告書又は第1項第2号の修正申告書の提出が、その申告に係る国税についての調査があったことにより当該国税について更正又は決定があるべきことを予知してされたものでない場合において、その申告に係る国税についての調査通知がある前に行われたものであるときは、その申告に基づき第35条第2項の規定により

納付すべき税額に係る第1項の無申告加算税の額は、同項及び第2項の規定にかかわらず、当該納付すべき税額に100分の5の割合を乗じて計算した金額とする。
7　第1項の規定は、期限後申告書の提出が、その申告に係る国税についての調査があったことにより当該国税について第25条の規定による決定があるべきことを予知してされたものでない場合において、期限内申告書を提出する意思があったと認められる場合として政令で定める場合に該当してされたものであり、かつ、法定申告期限から1月を経過する日までに行われたものであるときは、適用しない。

（不納付加算税）

第67条　源泉徴収等による国税がその法定納期限までに完納されなかった場合には、税務署長又は税関長は、当該納税者から、納税の告知（第36条第1項《納税の告知》の規定による納税の告知（同項第2号に係るものに限る。）をいう。次項において同じ。）に係る税額又はその法定納期限後に当該告知を受けることなく納付された税額に100分の10の割合を乗じて計算した金額に相当する不納付加算税を徴収する。ただし、当該告知又は納付に係る国税を法定納期限までに納付しなかったことについて正当な理由があると認められる場合は、この限りでない。
2　源泉徴収等による国税が納税の告知を受けることなくその法定納期限後に納付された場合において、その納付が、当該国税についての調査があったことにより当該国税について当該告知があるべきことを予知してされたものでないときは、その納付された税額に係る前項の不納付加算税の額は、同項の規定にかかわらず、当該納付された税額に100分の5の割合を乗じて計算した金額とする。
3　第1項の規定は、前項の規定に該当する納付がされた場合において、その納付が法定納期限までに納付する意思があったと認められる場合として政令で定める場合に該当してされたものであり、かつ、当該納付に係る源泉徴収等による国税が法定納期限から一月を経過する日までに納付されたものであるときは、適用しない。

（重加算税）

第68条　第65条第1項《過少申告加算税》の規定に該当する場合（修正申告書の提出が、その申告に係る国税についての調査があったことにより当該国税について更正があるべきことを予知してされたものでない場合を除く。）において、納税者がその国税の課税標準等又は税額等の計算の基礎となるべき事実の全部又は一部を隠蔽し、又は仮装し、その隠蔽し、又は仮装したところに基づき納税申告書を提出していたときは、当該納税者に対し、政令で定めるところにより、過少申告加算税の額

巻末資料

の計算の基礎となるべき税額（その税額の計算の基礎となるべき事実で隠蔽し、又は仮装されていないものに基づくことが明らかであるものがあるときは、当該隠蔽し、又は仮装されていない事実に基づく税額として政令で定めるところにより計算した金額を控除した税額）に係る過少申告加算税に代え、当該基礎となるべき税額に100分の35の割合を乗じて計算した金額に相当する重加算税を課する。

2　第66条第1項《無申告加算税》の規定に該当する場合（同項ただし書若しくは同条第7項の規定の適用がある場合又は納税申告書の提出が、その申告に係る国税についての調査があったことにより当該国税について更正又は決定があるべきことを予知してされたものでない場合を除く。）において、納税者がその国税の課税標準等又は税額等の計算の基礎となるべき事実の全部又は一部を隠蔽し、又は仮装し、その隠蔽し、又は仮装したところに基づき法定申告期限までに納税申告書を提出せず、又は法定申告期限後に納税申告書を提出していたときは、当該納税者に対し、政令で定めるところにより、無申告加算税の額の計算の基礎となるべき税額（その税額の計算の基礎となるべき事実で隠蔽し、又は仮装されていないものに基づくことが明らかであるものがあるときは、当該隠蔽し、又は仮装されていない事実に基づく税額として政令で定めるところにより計算した金額を控除した税額）に係る無申告加算税に代え、当該基礎となるべき税額に100分の40の割合を乗じて計算した金額に相当する重加算税を課する。

3　前条第1項の規定に該当する場合（同項ただし書又は同条第2項若しくは第3項の規定の適用がある場合を除く。）において、納税者が事実の全部又は一部を隠蔽し、又は仮装し、その隠蔽し、又は仮装したところに基づきその国税をその法定納期限までに納付しなかったときは、税務署長又は税関長は、当該納税者から、不納付加算税の額の計算の基礎となるべき税額（その税額の計算の基礎となるべき事実で隠蔽し、又は仮装されていないものに基づくことが明らかであるものがあるときは、当該隠蔽し、又は仮装されていない事実に基づく税額として政令で定めるところにより計算した金額を控除した税額）に係る不納付加算税に代え、当該基礎となるべき税額に100分の35の割合を乗じて計算した金額に相当する重加算税を徴収する。

4　前三項の規定に該当する場合において、これらの規定に規定する税額の計算の基礎となるべき事実で隠蔽し、又は仮装されたものに基づき期限後申告書若しくは修正申告書の提出、更正若しくは第25条《決定》の規定による決定又は納税の告知（第36条第1項《納税の告知》の規定による納税の告知（同項第2号に係るものに限る。）をいう。以下この項において同じ。）若しくは納税の告知を受けることなくされた

納付があった日の前日から起算して5年前の日までの間に、その申告、更正若しくは決定又は告知若しくは納付に係る国税の属する税目について、無申告加算税等を課され、又は徴収されたことがあるときは、前三項の重加算税の額は、これらの規定にかかわらず、これらの規定により計算した金額に、これらの規定に規定する基礎となるべき税額に100分の10の割合を乗じて計算した金額を加算した金額とする。

巻末資料

国税通則法施行令（第27条～第28条）

（過少申告加算税等を課さない部分の税額の計算等）

第27条　法第65条第4項《過少申告加算税》（法第66条第5項《無申告加算税》において準用する場合を含む。）に規定する政令で定めるところにより計算した金額は、次の各号に掲げる場合の区分に応じ、当該各号に定める税額（法第66条第5項において準用する場合にあっては、第1号に定める税額）とする。

一　法第65条第4項第1号に掲げる場合に該当する場合（第3号に掲げる場合を除く。）　同項第1号に規定する正当な理由があると認められる事実のみに基づいて修正申告書の提出又は更正があったものとした場合におけるその申告又は更正に基づき法第35条第2項《申告納税方式による国税等の納付》の規定により納付すべき税額

二　法第65条第4項第2号に掲げる場合に該当する場合（次号に掲げる場合を除く。）　次に掲げる場合の区分に応じ、それぞれ次に定める税額

　イ　期限内申告書（法第65条第3項第2号に規定する期限内申告書をいう。以下この号及び次項において同じ。）の提出により納付すべき税額がある場合　次に掲げる税額のうちいずれか少ない税額

　　(1)　法第65条第1項に規定する修正申告書の提出又は更正（以下この号において「修正申告書の提出等」という。）により納付すべき税額

　　(2)　期限内申告書の提出により納付すべき税額から法第65条第1項の修正申告又は更正（以下この号において「修正申告等」という。）前の税額を控除した税額（修正申告等前の還付金の額に相当する税額があるときは、期限内申告書の提出により納付すべき税額に当該還付金の額に相当する税額を加算した税額）

　ロ　期限内申告書の提出により納付すべき税額がない場合（ハに掲げる場合を除く。）　次に掲げる税額のうちいずれか少ない税額

　　(1)　修正申告書の提出等により納付すべき税額

　　(2)　修正申告等前の還付金の額に相当する税額

　ハ　期限内申告書に係る還付金の額がある場合　次に掲げる税額のうちいずれか少ない税額

　　(1)　修正申告書の提出等により納付すべき税額

　　(2)　修正申告等前の還付金の額に相当する税額から期限内申告書に係る還付金の額に相当する税額を控除した税額

三　法第65条第4項各号に掲げる場合のいずれにも該当する場合　前二号に定める税額のうちいずれか多い税額
2　法第65条第4項第2号に規定する納付すべき税額を減少させる更正に類するものとして政令で定める更正は、期限内申告書に係る還付金の額を増加させる更正又は期限内申告書に係る還付金の額がない場合において還付金の額があるものとする更正とする。
3　法第65条第5項に規定する政令で定める事項は、法第74条の9第1項《納税義務者に対する調査の事前通知等》に規定する実地の調査において質問検査等（同項に規定する質問検査等をいう。第30条の4第2項《調査の事前通知に係る通知事項》において同じ。）を行わせる旨（法第74条の10《事前通知を要しない場合》の規定に該当する場合には、調査（法第74条の9第1項第1号に規定する調査をいう。第30条の4において同じ。）を行う旨）とする。
4　法第65条第5項に規定する通知には、法第74条の9第5項に規定する場合に該当する場合において同項に規定する税務代理人（当該税務代理人について同条第6項に規定する場合に該当する場合には、同項に規定する代表する税務代理人）に対してする通知を含むものとする。

（期限内申告書を提出する意思等があったと認められる場合）

第27条の2　法第66条第7項《無申告加算税》に規定する期限内申告書を提出する意思があったと認められる場合として政令で定める場合は、次の各号のいずれにも該当する場合とする。
一　法第66条第7項に規定する期限後申告書の提出があった日の前日から起算して5年前の日（消費税等（法第2条第9号《定義》に規定する課税資産の譲渡等に係る消費税を除く。）、航空機燃料税、電源開発促進税及び印紙税に係る期限後申告書（印紙税法（昭和42年法律第23号）第12条第5項《預貯金通帳等に係る申告及び納付等の特例》の規定によるものを除く。）である場合には、1年前の日）までの間に、当該期限後申告書に係る国税の属する税目について、法第66条第1項第1号に該当することにより無申告加算税又は重加算税を課されたことがない場合であって、同条第7項の規定の適用を受けていないとき。
二　前号に規定する期限後申告書に係る納付すべき税額の全額が法定納期限（当該期限後申告書に係る納付について、法第34条の2第1項《口座振替納付に係る通知等》に規定する依頼を税務署長が受けていた場合又は電子情報処理組織による輸出入等関連業務の処理等に関する法律（昭和52年法律第54号）第4条第1項《口座振替納

付に係る納付書の送付等》に規定する依頼を税関長が受けていた場合には、当該期限後申告書を提出した日。以下この号において同じ。）までに納付されていた場合又は当該税額の全額に相当する金銭が法定納期限までに法第34条の3第1項（第1号に係る部分に限る。）《納付受託者に対する納付の委託》の規定による委託に基づき納付受託者に交付されていた場合若しくは当該税額の全額について法定納期限までに同項（第2号に係る部分に限る。）の規定により納付受託者が委託を受けていた場合

2　法第67条第3項《不納付加算税》に規定する法定納期限までに納付する意思があったと認められる場合として政令で定める場合は、同項に規定する納付に係る法定納期限の属する月の前月の末日から起算して1年前の日までの間に法定納期限が到来する源泉徴収等による国税について、次の各号のいずれにも該当する場合とする。

一　法第36条第1項（第2号に係る部分に限る。）《納税の告知》の規定による納税の告知（法第67条第1項ただし書に該当する場合における納税の告知を除く。）を受けたことがない場合

二　法第36条第1項（第2号に係る部分に限る。）の規定による納税の告知を受けることなく法定納期限後に納付された事実（その源泉徴収等による国税に相当する金銭が法定納期限までに法第34条の3第1項（第1号に係る部分に限る。）の規定による委託に基づき納付受託者に交付されていた場合及び当該国税について法定納期限までに同項（第2号に係る部分に限る。）の規定により納付受託者が委託を受けていた場合並びに法第67条第1項ただし書に該当する場合における法定納期限後に納付された事実を除く。）がない場合

（加重された過少申告加算税等が課される場合における重加算税に代えられるべき過少申告加算税等）

第27条の3　法第68条第1項又は第4項（同条第1項の重加算税に係る部分に限る。）《重加算税》の規定により過少申告加算税に代えて重加算税を課する場合において、当該過少申告加算税について法第65条第2項《過少申告加算税》の規定により加算すべき金額があるときは、当該重加算税の額の計算の基礎となるべき税額に相当する金額を当該過少申告加算税の額の計算の基礎となるべき税額から控除して計算するものとした場合における過少申告加算税以外の部分の過少申告加算税に代え、重加算税を課するものとする。

2　法第68条第2項又は第4項（同条第2項の重加算税に係る部分に限る。）の規定

により無申告加算税に代えて重加算税を課する場合において、当該無申告加算税について法第66条第２項《無申告加算税》（同条第４項の規定により適用される場合を含む。）の規定により加算すべき金額があるときは、当該重加算税の額の計算の基礎となるべき税額に相当する金額を当該無申告加算税の額の計算の基礎となるべき税額から控除して計算するものとした場合における無申告加算税以外の部分の無申告加算税に代え、重加算税を課するものとする。

（重加算税を課さない部分の税額の計算）

第28条　法第68条第１項《重加算税》（同条第４項の規定により適用される場合を含む。）に規定する隠蔽し、又は仮装されていない事実に基づく税額として政令で定めるところにより計算した金額は、過少申告加算税の額の計算の基礎となるべき税額のうち当該事実のみに基づいて修正申告書の提出又は更正があったものとした場合におけるその申告又は更正に基づき法第35条第２項《申告納税方式による国税等の納付》の規定により納付すべき税額とする。

2　法第68条第２項（同条第４項の規定により適用される場合を含む。）に規定する隠蔽し、又は仮装されていない事実に基づく税額として政令で定めるところにより計算した金額は、無申告加算税の額の計算の基礎となるべき税額のうち当該事実のみに基づいて法第18条第２項《期限後申告》に規定する期限後申告書若しくは修正申告書の提出又は決定若しくは更正があったものとした場合におけるその申告又は決定若しくは更正に基づき法第35条第２項の規定により納付すべき税額とする。

3　法第68条第３項（同条第４項の規定により適用される場合を含む。）に規定する隠蔽し、又は仮装されていない事実に基づく税額として政令で定めるところにより計算した金額は、不納付加算税の額の計算の基礎となるべき税額のうち納税者が当該事実のみに基づいてその国税の法定納期限までに納付しなかった税額とする。

巻末資料

法人税の重加算税の取扱いについて（事務運営指針）
（平成12年7月3日付課法2－8ほか（最終改正　平成28年12月12日付課法2－16ほか））

第1　賦課基準
（隠蔽又は仮装に該当する場合）
1　通則法第68条第1項又は第2項に規定する「国税の課税標準等又は税額等の計算の基礎となるべき事実の全部又は一部を隠蔽し、又は仮装し」とは、例えば、次に掲げるような事実（以下「不正事実」という。）がある場合をいう。
　(1)　いわゆる二重帳簿を作成していること。
　(2)　次に掲げる事実（以下「帳簿書類の隠匿、虚偽記載等」という。）があること。
　　①　帳簿、原始記録、証ひょう書類、貸借対照表、損益計算書、勘定科目内訳明細書、棚卸表その他決算に関係のある書類（以下「帳簿書類」という。）を、破棄又は隠匿していること。
　　②　帳簿書類の改ざん（偽造及び変造を含む。以下同じ。）、帳簿書類への虚偽記載、相手方との通謀による虚偽の証ひょう書類の作成、帳簿書類の意図的な集計違算その他の方法により仮装の経理を行っていること。
　　③　帳簿書類の作成又は帳簿書類への記録をせず、売上げその他の収入（営業外の収入を含む。）の脱ろう又は棚卸資産の除外をしていること。
　(3)　特定の損金算入又は税額控除の要件とされる証明書その他の書類を改ざんし、又は虚偽の申請に基づき当該書類の交付を受けていること。
　(4)　簿外資産（確定した決算の基礎となった帳簿の資産勘定に計上されていない資産をいう。）に係る利息収入、賃貸料収入等の果実を計上していないこと。
　(5)　簿外資金（確定した決算の基礎となった帳簿に計上していない収入金又は当該帳簿に費用を過大若しくは架空に計上することにより当該帳簿から除外した資金をいう。）をもって役員賞与その他の費用を支出していること。
　(6)　同族会社であるにもかかわらず、その判定の基礎となる株主等の所有株式等を架空の者又は単なる名義人に分割する等により非同族会社としていること。

（使途不明金及び使途秘匿金の取扱い）
2　使途不明の支出金に係る否認金につき、次のいずれかの事実がある場合には、当該事実は、不正事実に該当することに留意する。
　なお、当該事実により使途秘匿金課税を行う場合の当該使途秘匿金に係る税額に対しても重加算税を課すことに留意する。
　(1)　帳簿書類の破棄、隠匿、改ざん等があること。

(2) 取引の慣行、取引の形態等から勘案して通常その支出金の属する勘定科目として計上すべき勘定科目に計上されていないこと。

(帳簿書類の隠匿、虚偽記載等に該当しない場合)
3 次に掲げる場合で、当該行為が相手方との通謀又は証ひょう書類等の破棄、隠匿若しくは改ざんによるもの等でないときは、帳簿書類の隠匿、虚偽記載等に該当しない。

(1) 売上げ等の収入の計上を繰り延べている場合において、その売上げ等の収入が翌事業年度（その事業年度が連結事業年度に該当する場合には、翌連結事業年度。(2)において同じ。）の収益に計上されていることが確認されたとき。

(2) 経費（原価に算入される費用を含む。）の繰上計上をしている場合において、その経費がその翌事業年度に支出されたことが確認されたとき。

(3) 棚卸資産の評価換えにより過少評価をしている場合。

(4) 確定した決算の基礎となった帳簿に、交際費等又は寄附金のように損金算入について制限のある費用を単に他の費用科目に計上している場合。

(不正に繰戻し還付を受けた場合の取扱い)
4 法人が法人税法第80条又は第144条の13の規定により欠損金額につき繰戻し還付を受けた場合において、当該欠損金額の計算の基礎となった事実のうちに不正事実に該当するものがあるときは、重加算税を課すことになる。

(隠蔽仮装に基づく欠損金額の繰越しに係る重加算税の課税年度)
5 前事業年度以前の事業年度において、不正事実に基づき欠損金額を過大に申告し、その過大な欠損金額を基礎として欠損金額の繰越控除をしていた場合において、その繰越控除額を否認したときは、その繰越控除をした事業年度について重加算税を課すことになる。

なお、欠損金額の生じた事業年度は正しい申告であったが、繰越欠損金額を控除した事業年度に不正事実に基づく過少な申告があり、その後の事業年度に繰り越す欠損金額が過大となっている場合に、当該その後の事業年度において過大な繰越欠損金額を基礎として繰越控除をしているときも同様とする。

（注） 繰越控除をした欠損金額のうちに法人税法第57条第6項の規定により欠損金額とみなされた連結欠損金個別帰属額がある場合において、その欠損金額とみなされた金額が不正事実に基づき過大に繰り越されているときについては、本文の取扱いを準用する。

(隠蔽仮装に基づく最後事業年度の欠損金相当額の損金算入に係る重加算税の課税年度)
6　法人税法施行令第112条第20項の規定を適用するに当たり、同項に規定する被合併法人となる連結法人又は残余財産が確定した連結法人がそれぞれ同項に規定する合併の日の前日又は残余財産の確定の日の属する事業年度において欠損金額を不正事実に基づき過大に申告し、その過大な欠損金額を同項に規定する連結子法人である内国法人の最後事業年度の損金の額に算入していた場合において、その損金算入額を否認したときは、その損金算入をした最後事業年度（所得金額が生じるものに限る。）について重加算税を課すことになる。

第2　重加算税の取扱い
(通則法第68条第4項の規定の適用に当たっての留意事項)
1　通則法第68条第4項の規定の適用に当たっては、次の点に留意する。
　(1)　通則法第119条第4項の規定により無申告加算税又は重加算税の全額が切り捨てられた場合には、通則法第68条第4項に規定する「無申告加算税等を課され、又は徴収されたことがあるとき」に該当しない。
　(2)　通則法第68条第4項の規定の適用上、被合併法人の各事業年度の法人税について課された同項に規定する無申告加算税等（以下(2)において「無申告加算税等」という。）は、合併法人の行為に基因すると認められる場合に限り、当該合併法人について無申告加算税等が課されたことがあるものとして取り扱う。
　　　また、連結納税の承認を取り消され又は連結納税の適用の取りやめの承認を受ける前の各連結事業年度の法人税について無申告加算税等を課されていた場合には、連結親法人であった法人について無申告加算税等を課されたことがあるものとして取り扱う。
　　(注)　無申告加算税等を課された一の法人について、その後分割が行われた場合には、分割承継法人について無申告加算税等を課されたことがあるときには該当しない。

第3　重加算税の計算
(重加対象税額の計算の基本原則)
1　重加算税の計算の基礎となる税額は、通則法第68条及び国税通則法施行令第28条の規定により、その基因となった更正、決定、修正申告又は期限後申告（以下「更正等」という。）があった後の税額から隠蔽又は仮装をされていない事実だけに基づいて計算した税額を控除して計算するのであるが、この場合、その隠蔽又は仮装

をされていない事実だけに基づいて計算した税額の基礎となる所得金額は、その更正等のあった後の所得金額から不正事実に基づく所得金額（以下「重加対象所得」という。）を控除した金額を基に計算する。

（重加対象所得の計算）
2　第3の1の場合において、重加対象所得の計算については、次による。
⑴　不正事実に基づく費用の支出等を認容する場合には、当該支出等が不正事実に基づく益金等の額（益金の額又は損金不算入額として所得金額に加算するものをいう。以下同じ。）との間に関連性を有するものであるときに限り、当該支出等の金額は不正事実に基づく益金等の額の減算項目とする。
⑵　交際費等又は寄附金のうちに不正事実に基づく支出金から成るものとその他の支出金から成るものとがあり、かつ、その交際費等又は寄附金のうちに損金不算入額がある場合において、当該損金不算入額のうち重加算税の対象となる金額は、その損金不算入額から不正事実に基づく支出がないものとして計算した場合に計算される損金不算入額を控除した金額とする。
⑶　過大に繰越控除をした欠損金額のうちに、不正事実に基づく過大控除部分と不正事実以外の事実に基づく過大控除部分とがある場合には、過大に繰越控除をした欠損金額は、まず不正事実に基づく過大控除部分の欠損金額から成るものとする。

（不正に繰戻し還付を受けた場合の重加対象税額の計算）
3　第1の4に該当する場合において、当該欠損金額のうちに不正事実に基づく部分と不正事実以外の事実に基づく部分とがあるときは、重加算税の計算の基礎となる税額は、次の算式により計算した金額による。

法人税法第80条又は第144条の13の規定により還付した金額 × $\dfrac{\text{不正事実に基づく欠損金額}}{\text{繰戻しをした欠損金額}}$

（重加算税を課す留保金額の計算等）
4　特定同族会社が重加対象所得から留保した部分の金額（以下「留保金額」という。）に対して課される法人税法第67条第1項《特定同族会社の特別税率》の規定による法人税額については、重加算税を課すことになる。この場合、その課税の対象となる留保金額は、更正等の後の留保金額から重加算税を課さない部分の留保金額を控除して計算するものとし、その重加算税を課さない部分の留保金額の計算については、その計算上控除すべき同法第67条第3項の法人税額及び地方法人税額並びに道

府県民税及び市町村民税の額は、それぞれ次に掲げる金額による。

(1) 法人税額　その不正事実以外の事実に基づく所得金額について計算した金額

(2) 地方法人税額　その不正事実以外の事実に基づく所得金額を基礎として計算した金額

(3) 道府県民税及び市町村民税の額　その不正事実以外の事実に基づく所得金額を基礎として計算した金額

(国税庁ホームページより)

法人税の過少申告加算税及び無申告加算税の取扱いについて（事務運営指針）

（平成12年7月3日付課法2－9ほか（最終改正　平成28年12月12日付課法2－16ほか））

第1　過少申告加算税の取扱い
（過少申告の場合における正当な理由があると認められる事実）
1　通則法第65条の規定の適用に当たり、例えば、納税者の責めに帰すべき事由のない次のような事実は、同条第4項第1号に規定する正当な理由があると認められる事実として取り扱う。
　(1)　税法の解釈に関し、申告書提出後新たに法令解釈が明確化されたため、その法令解釈と法人の解釈とが異なることとなった場合において、その法人の解釈について相当の理由があると認められること。
　　（注）　税法の不知若しくは誤解又は事実誤認に基づくものはこれに当たらない。
　(2)　調査により引当金等の損金不算入額が法人の計算額より減少したことに伴い、その減少した金額を認容した場合に、翌事業年度においていわゆる洗替計算による引当金等の益金算入額が過少となるためこれを税務計算上否認（いわゆるかえり否認）したこと。

（修正申告書の提出が更正があるべきことを予知してされたと認められる場合）
2　通則法第65条第1項又は第5項の規定を適用する場合において、その法人に対する臨場調査、その法人の取引先の反面調査又はその法人の申告の内容を検討した上での非違事項の指摘等により、当該法人が調査のあったことを了知したと認められた後に修正申告書が提出された場合の当該修正申告書の提出は、原則として、これらの規定に規定する「更正があるべきことを予知してされたもの」に該当する。
　（注）　臨場のための日時の連絡を行った段階で修正申告書が提出された場合には、原則として「更正があるべきことを予知してされたもの」に該当しない。

（調査通知に関する留意事項）
3　通則法第65条第5項に規定する調査通知（以下「調査通知」という。）を行う場合の同項の規定の適用については、次の点に留意する。
　(1)　通則法第65条第5項の規定は、納税義務者（通則法第74条の9第5項に規定する場合に該当するときは、納税義務者又は同項に規定する税務代理人）に対して調査通知を行った時点から、適用されない。
　　（注）1　この場合の税務代理人とは、調査通知を行う前に提出された国税通則法施行規則第11条の3第1項に規定する税務代理権限証書（同項に規定

する納税義務者への調査の通知は税務代理人に対してすれば足りる旨の記載があるものに限る。）に係る税務代理人（以下「同意のある税務代理人」という。）をいう。
　　2　同意のある税務代理人が数人ある場合には、いずれかの税務代理人（通則法第74条の9第6項に規定する代表する税務代理人を定めた場合は当該代表する税務代理人）に対して調査通知を行った時点から、通則法第65条第5項の規定は適用されない。
(2)　調査通知を行った場合において、調査通知後に修正申告書が提出されたときは、当該調査通知に係る調査について、実地の調査が行われたかどうかにかかわらず、通則法第65条第5項の規定の適用はない。
(3)　調査通知後の修正申告書の提出が、次に掲げる場合には、調査通知がある前に行われたものとして取り扱う。
　①　当該調査通知に係る調査について、通則法第74条の11第1項の通知をした後又は同条第2項の調査結果の内容に基づき納税義務者から修正申告書が提出された後若しくは通則法第29条第1項に規定する更正若しくは通則法第32条第5項に規定する賦課決定をした後に修正申告書が提出された場合
　②　納税義務者の事前の同意の上、同一事業年度の法人税の調査について、移転価格調査とそれ以外の部分の調査に区分する場合で、当該調査通知に係る調査の対象としなかった部分に係る修正申告書が提出された場合。
　　　ただし、当該修正申告書に当該調査通知に係る調査の対象としている部分が含まれる場合には、当該調査通知に係る調査の対象としている部分は、調査通知がある前に行われたものとして取り扱わない。
　③　事前確認（平成13年6月1日付査調7－1ほか3課共同「移転価格事務運営要領の制定について」（事務運営指針）又は平成28年6月28日付査調7－1ほか3課共同「恒久的施設帰属所得に係る所得に関する調査等に係る事務運営要領の制定について」（事務運営指針）に定める事前確認をいう。）の内容に適合させるための修正申告書が提出された場合。
　　　ただし、当該修正申告書に当該事前確認の内容に適合させるための部分以外の部分が含まれる場合には、当該事前確認の内容に適合させるための部分以外の部分は、調査通知がある前に行われたものとして取り扱わない。
　④　当該修正申告書が、例えば、消費税及び地方消費税について更正の請求に基づく減額更正が行われたことに伴い提出された場合。
　　　ただし、当該修正申告書に当該減額更正に係る部分以外の部分が含まれる場

合には、当該減額更正に係る部分以外の部分は、調査通知がある前に行われたものとして取り扱わない。

第2　無申告加算税の取扱い

(期限内申告書の提出がなかったことについて正当な理由があると認められる事実)
1　通則法第66条の規定を適用する場合において、災害、交通・通信の途絶その他期限内に申告書を提出しなかったことについて真にやむを得ない事由があると認められたときは、期限内申告書の提出がなかったことについて正当な理由があるものとして取り扱う。

(期限後申告書等の提出が決定又は更正があるべきことを予知してされたと認められる場合)
2　第1の2の取扱いは、通則法第66条第1項、第6項又は第7項の規定を適用する場合において、期限後申告書又は修正申告書の提出が決定又は更正があるべきことを予知してされたものである場合の判定について準用する。

(調査通知に関する留意事項)
3　第1の3の取扱いは、調査通知を行う場合の通則法第66条第6項の規定の適用について準用する。

(無申告加算税を課す場合の留意事項)
4　通則法第66条の規定による無申告加算税を課す場合には、次のことに留意する。
　(1)　申告書が期限後に提出され、その期限後に提出されたことについて通則法第66条第1項ただし書に規定する正当な理由があると認められた場合又は同条第7項の規定の適用があった場合において、当該申告について、更に修正申告書の提出があり、又は更正があったときは、当該修正申告又は更正により納付することとなる税額については無申告加算税を課さないで通則法第65条の規定による過少申告加算税を課す。
　(2)　通則法第66条第5項において準用する通則法第65条第4項第1号に定める正当な理由があると認められる事実は、第1の1に定めるような事実とする。
　(3)　通則法第119条第4項の規定により無申告加算税又は重加算税の全額が切り捨てられた場合には、通則法第66条第4項に規定する「無申告加算税（……）又は重加算税（……）を課されたことがあるとき」に該当しない。
　(4)　通則法第66条第4項の規定の適用上、被合併法人の各事業年度の法人税について課された同項に規定する無申告加算税等（以下(4)において「無申告加算税等」という。）は、合併法人の行為に基因すると認められる場合に限り、当該合併法

人について無申告加算税等が課されたことがあるものとして取り扱う。

　また、連結納税の承認を取り消され又は連結納税の適用の取りやめの承認を受ける前の各連結事業年度の法人税について無申告加算税等を課されていた場合には、連結親法人であった法人について無申告加算税等を課されたことがあるものとして取り扱う。

　(注)　無申告加算税等を課された一の法人について、その後分割が行われた場合には、分割承継法人について無申告加算税等を課されたことがあるときには該当しない。

第３　過少申告加算税等の計算
(累積増差税額等に含まれない税額)
1　通則法第65条第３項第１号に規定する累積増差税額には、同条第５項の規定の適用がある修正申告書の提出により納付すべき税額は含まれないものとし、通則法第66条第３項に規定する累積納付税額には、同条第６項の規定の適用がある期限後申告書又は修正申告書の提出により納付すべき税額は含まれないものとする。

　(注)　通則法第65条第５項の規定の適用がある修正申告書又は通則法第66条第６項の規定の適用がある期限後申告書若しくは修正申告書において、第１の３⑶の取扱いによって、調査通知がある前に行われたものとして取り扱われないものが含まれる場合は、これに対応する納付すべき税額は、それぞれ通則法第65条第３項第１号に規定する累積増差税額又は通則法第66条第３項に規定する累積納付税額に含まれることに留意する。

(過少申告加算税又は無申告加算税の計算の基礎となる税額の計算方法)
2　過少申告加算税又は無申告加算税の計算の基礎となる税額を計算する場合において、通則法第65条第４項第１号(通則法第66条第５項において準用する場合を含む。)の規定により控除すべきものとして国税通則法施行令第27条第１項第１号に規定する正当な理由があると認められる事実(以下「正当事実」という。)のみに基づいて更正、決定、修正申告又は期限後申告(以下「更正等」という。)があったものとした場合の税額の基礎となる所得金額は、その更正等があった後の所得金額から正当事実に基づかない部分の所得金額(以下「過少対象所得」という。)を控除して計算する。

(過少対象所得の計算)
3　過少対象所得は、正当事実以外の事実に基づく益金の額及び損金の額を基礎として計算する。

(修正申告書又は期限後申告書の提出が調査通知後に行われた場合の留意事項)
4 第1の3(3)②から④までのただし書の取扱い(第2の3において準用する場合を含む。)を行う場合において、過少申告加算税又は無申告加算税の計算の基礎となる税額を計算するときは、次の点に留意する。

(1) 通則法第65条第1項に規定する過少申告加算税の計算の基礎となる税額を計算する場合には、過少対象所得から第1の3(3)②から④までのただし書の調査通知がある前に行われたものとして取り扱う部分の所得金額を控除して計算する。

(2) 通則法第66条第1項に規定する無申告加算税の計算の基礎となる税額を計算する場合には、過少対象所得から第1の3(3)②から④までのただし書の調査通知がある前に行われたものとして取り扱う部分の所得金額を控除して計算する。

(注) 第2の3により準用される第1の3(3)②から④までのただし書の調査通知がある前に行われたものとして取り扱う部分には通則法第66条第6項の規定が適用される。

(重加算税について少額不徴収に該当する場合の過少対象所得金額の計算)
5 通則法第119条第4項の規定により重加算税を課さない場合には、その課さない部分に対応する所得金額は、過少対象所得に含まれないのであるから留意する。

(国税庁ホームページより)

巻末資料

連結法人税の重加算税の取扱いについて（事務運営指針）
（平成16年3月26日付課法2-6ほか（最終改正　平成28年12月12日付課法2-16ほか））

第1　賦課基準
（隠蔽又は仮装に該当する場合）
1　通則法第68条第1項又は第2項に規定する「国税の課税標準等又は税額等の計算の基礎となるべき事実の全部又は一部を隠蔽し、又は仮装し」とは、連結法人に、例えば、次に掲げるような事実（以下「不正事実」という。）がある場合をいう。
　(1)　いわゆる二重帳簿を作成していること。
　(2)　次に掲げる事実（以下「帳簿書類の隠匿、虚偽記載等」という。）があること。
　　①　帳簿、原始記録、証ひょう書類、貸借対照表、損益計算書、勘定科目内訳明細書、棚卸表その他決算に関係のある書類（以下「帳簿書類」という。）を、破棄又は隠匿していること
　　②　帳簿書類の改ざん（偽造及び変造を含む。以下同じ。）、帳簿書類への虚偽記載、相手方との通謀による虚偽の証ひょう書類の作成、帳簿書類の意図的な集計違算その他の方法により仮装の経理を行っていること
　　③　帳簿書類の作成又は帳簿書類への記録をせず、売上げその他の収入（営業外の収入を含む。）の脱ろう又は棚卸資産の除外をしていること
　(3)　特定の損金算入又は税額控除の要件とされる証明書その他の書類を改ざんし、又は虚偽の申請に基づき当該書類の交付を受けていること。
　(4)　簿外資産（確定した決算の基礎となった帳簿の資産勘定に計上されていない資産をいう。）に係る利息収入、賃貸料収入等の果実を計上していないこと。
　(5)　簿外資金（確定した決算の基礎となった帳簿に計上していない収入金又は当該帳簿に費用を過大若しくは架空に計上することにより当該帳簿から除外した資金をいう。）をもって役員賞与その他の費用を支出していること。
　(6)　連結親法人が同族会社であるにもかかわらず、その判定の基礎となる株主等の所有株式等を架空の者又は単なる名義人に分割する等により非同族会社としていること。

（使途不明金及び使途秘匿金の取扱い）
2　連結法人の使途不明の支出金に係る否認金につき、次のいずれかの事実がある場合には、当該事実は、不正事実に該当することに留意する。
　なお、当該事実により使途秘匿金課税を行う場合の当該使途秘匿金に係る税額に対しても重加算税を課すことに留意する。

⑴　帳簿書類の破棄、隠匿、改ざん等があること。
⑵　取引の慣行、取引の形態等から勘案して通常その支出金の属する勘定科目として計上すべき勘定科目に計上されていないこと。

（帳簿書類の隠匿、虚偽記載等に該当しない場合）
3　次に掲げる場合で、連結法人の当該行為が相手方との通謀又は証ひょう書類等の破棄、隠匿若しくは改ざんによるもの等でないときは、帳簿書類の隠匿、虚偽記載等に該当しない。
⑴　売上げ等の収入の計上を繰り延べている場合において、その売上げ等の収入が翌連結事業年度（その事業年度が連結事業年度に該当しない場合には、翌事業年度。⑵において同じ。）の収益に計上されていることが確認されたとき。
⑵　経費（原価に算入される費用を含む。）の繰上計上をしている場合において、その経費がその翌連結事業年度に支出されたことが確認されたとき。
⑶　棚卸資産の評価換えにより過少評価をしている場合。
⑷　確定した決算の基礎となった帳簿に、交際費等又は寄附金のように損金算入について制限のある費用を単に他の費用科目に計上している場合。

（不正に繰戻し還付を受けた場合の取扱い）
4　連結親法人が法人税法第81条の31の規定により連結欠損金額につき繰戻し還付を受けた場合において、当該連結欠損金額の計算の基礎となった事実のうちに不正事実に該当するものがあるときは、重加算税を課すことになる。

（隠蔽仮装に基づく連結欠損金額の繰越しに係る重加算税の課税年度）
5　前連結事業年度以前の連結事業年度において、不正事実に基づき連結欠損金額を過大に申告し、その過大な連結欠損金額を基礎として連結欠損金額の繰越控除をしていた場合において、その繰越控除額を否認したときは、その繰越控除をした連結事業年度について重加算税を課すことになる。

　なお、連結欠損金額の生じた連結事業年度は正しい申告であったが、繰越連結欠損金額を控除した連結事業年度に不正事実に基づく過少な申告があり、その後の連結事業年度に繰り越す連結欠損金額が過大となっている場合に、当該その後の連結事業年度において過大な繰越連結欠損金額を基礎として繰越控除をしているときも同様とする。
　（注）　繰越控除をした連結欠損金額のうちに法人税法第81条の9第2項の規定により連結欠損金額とみなされた欠損金額又は連結欠損金個別帰属額がある場合において、その連結欠損金額とみなされた金額が不正事実に基づき過大に繰り越されているときについては、本文の取扱いを準用する。

(隠蔽仮装に基づく合併前事業年度等の欠損金相当額の損金算入に係る重加算税の課税年度)
6　法人税法第81条の9第4項の規定を適用するに当たり、同項に規定する他の連結法人が合併の日の前日又は残余財産の確定の日の属する事業年度において欠損金額を不正事実に基づき過大に申告し、その過大な欠損金額を同項に規定する連結法人が合併の日の属する連結事業年度又は残余財産の確定の日の翌日の属する連結事業年度の損金の額に算入していた場合において、その損金算入額を否認したときは、その損金算入をした連結事業年度（連結所得金額が生じるものに限る。）について重加算税を課すことになる。

なお、その損金算入額を否認してもその損金算入をした連結事業年度では連結所得金額が生じなかったため、その後の連結事業年度に繰り越す連結欠損金額が過大となっている場合には、その過大な繰越連結欠損金額を基礎として繰越控除をしている連結事業年度について重加算税を課すことになる。

第2　重加算税の取扱い
(通則法第68条第4項の規定の適用に当たっての留意事項)
1　通則法第68条第4項の規定の適用に当たっては、次の点に留意する。
　(1)　通則法第119条第4項の規定により無申告加算税又は重加算税の全額が切り捨てられた場合には、通則法第68条第4項に規定する「無申告加算税等を課され、又は徴収されたことがあるとき」に該当しない。
　(2)　通則法第68条第4項の規定の適用上、連結法人の行為に基因する同項に規定する無申告加算税等（以下(2)において「無申告加算税等」という。）は、連結親法人が課されたことがあるものとして取り扱う。
　　また、連結親法人の連結納税を適用する前の各事業年度の法人税について無申告加算税等を課された場合であっても、無申告加算税等が課されたことがあるものとして取り扱う。
　　(注)　連結法人（連結親法人を除く。）の連結納税を適用する前の各事業年度の法人税について無申告加算税等を課されていたとしても、当該連結親法人について無申告加算税等を課されたことがあるときには該当しない。

第3　重加算税の計算
(重加対象税額の計算の基本原則)
1　重加算税の計算の基礎となる税額は、通則法第68条及び国税通則法施行令第28条

の規定により、その基因となった更正、決定、修正申告又は期限後申告（以下「更正等」という。）があった後の税額から隠蔽又は仮装をされていない事実だけに基づいて計算した税額を控除して計算するのであるが、この場合、その隠蔽又は仮装をされていない事実だけに基づいて計算した税額の基礎となる連結所得金額は、その更正等のあった後の連結所得金額から不正事実に基づく連結所得金額（以下「重加対象連結所得」という。）を控除した金額を基に計算する。

（重加対象連結所得の計算）
2　第3の1の場合において、重加対象連結所得の計算については、次による。
　(1)　不正事実に基づく費用の支出等を認容する場合には、当該支出等が不正事実に基づく益金等の額（益金の額又は損金不算入額として連結所得金額に加算するものをいう。以下同じ。）との間に関連性を有するものであるときに限り、当該支出等の金額は不正事実に基づく益金等の額の減算項目とする。
　(2)　交際費等又は寄附金のうちに不正事実に基づく支出金から成るものとその他の支出金から成るものとがあり、かつ、その交際費等又は寄附金のうちに損金不算入額がある場合において、当該損金不算入額のうち重加算税の対象となる金額は、その損金不算入額から不正事実に基づく支出がないものとして計算した場合に計算される損金不算入額を控除した金額とする。
　(3)　過大に繰越控除をした連結欠損金額のうちに、不正事実に基づく過大控除部分と不正事実以外の事実に基づく過大控除部分とがある場合には、過大に繰越控除をした連結欠損金額は、まず不正事実に基づく過大控除部分の連結欠損金額から成るものとする。

（不正に繰戻し還付を受けた場合の重加対象税額の計算）
3　第1の4に該当する場合において、当該連結欠損金額のうちに不正事実に基づく部分と不正事実以外の事実に基づく部分とがあるときは、重加算税の計算の基礎となる税額は、次の算式により計算した金額による。

法人税法第81条の31の規定により還付した金額　×　$\dfrac{\text{不正事実に基づく欠損金額}}{\text{繰戻しをした欠損金額}}$

（重加算税を課す連結留保金額の計算等）
4　連結親法人が特定同族会社である場合において、重加対象連結所得から留保した部分の金額（以下「連結留保金額」という。）に対して課される法人税法第81条の13第1項《連結特定同族会社の特別税率》の規定による法人税額については、重加算税を課すことになる。この場合、その課税の対象となる連結留保金額は、更正等

の後の連結留保金額から重加算税を課さない部分の連結留保金額を控除して計算するものとし、その重加算税を課さない部分の連結留保金額の計算については、その計算上控除すべき同法第81条の13第2項の法人税額及び地方法人税額並びに道府県民税及び市町村民税の額は、それぞれ次に掲げる金額による。

(1) 法人税額　その不正事実以外の事実に基づく連結所得金額について計算した金額

(2) 地方法人税額　その不正事実以外の事実に基づく連結所得金額を基礎として計算した金額

(3) 道府県民税及び市町村民税の額　原則として当該更正等がある前の各連結法人の個別所得金額を基礎として計算した金額の合計額（通則法第65条第4項第1号に規定する正当な理由があると認められる事実がある場合には、当該事実のみに基づく更正等があったものとした場合の各連結法人の個別所得金額を基礎として計算した金額の合計額）

(国税庁ホームページより)

連結法人税の過少申告加算税及び無申告加算税の取扱いについて（事務運営指針）

（平成16年3月26日付課法2－7ほか（最終改正　平成28年12月12日付課法2－16ほか））

第1　過少申告加算税の取扱い
（過少申告の場合における正当な理由があると認められる事実）
1　通則法第65条の規定の適用に当たり、例えば、納税者の責めに帰すべき事由のない次のような事実は、同条第4項第1号に規定する正当な理由があると認められる事実として取り扱う。
 (1) 税法の解釈に関し、申告書提出後新たに法令解釈が明確化されたため、その法令解釈と連結法人の解釈とが異なることとなった場合において、その連結法人の解釈について相当の理由があると認められること。
　　（注）　税法の不知若しくは誤解又は事実誤認に基づくものはこれに当たらない。
 (2) 調査により引当金等の損金不算入額が連結法人の計算額より減少したことに伴い、その減少した金額を認容した場合に、翌連結事業年度においていわゆる洗替計算による引当金等の益金算入額が過少となるためこれを税務計算上否認（いわゆるかえり否認）したこと。

（修正申告書の提出が更正があるべきことを予知してされたと認められる場合）
2　通則法第65条第1項又は第5項の規定を適用する場合において、その連結法人に対する臨場調査、その連結法人の取引先の反面調査又はその連結法人税の申告書若しくは連結法人の個別帰属額等の届出書の内容を検討した上での非違事項の指摘等により、当該連結法人が調査のあったことを了知したと認められる後に修正申告書が提出された場合の当該修正申告書の提出は、原則として、これらの規定に規定する「更正があるべきことを予知してされたもの」に該当する。
　　（注）　臨場のための日時の連絡を行った段階で修正申告書が提出された場合には、原則として「更正があるべきことを予知してされたもの」に該当しない。

（調査通知に関する留意事項）
3　通則法第65条第5項に規定する調査通知（以下「調査通知」という。）を行う場合の同項の規定の適用については、次の点に留意する。
 (1) 通則法第65条第5項の規定は、納税義務者（通則法第74条の9第5項に規定する場合に該当するときは、納税義務者又は同項に規定する税務代理人（当該税務代理人について同条第6項に規定する場合に該当するときは、同項に規定する代表する税務代理人））に対して調査通知を行った時点から、適用されない。

(注) 1 この場合の税務代理人とは、調査通知を行う前に提出された国税通則法施行規則第11条の３第１項に規定する税務代理権限証書（同項に規定する納税義務者への調査の通知は税務代理人に対してすれば足りる旨の記載があるものに限る。）に係る税務代理人（以下「同意のある税務代理人」という。）をいう。

　　　2 同意のある税務代理人が数人ある場合には、いずれかの税務代理人（通則法第74条の９第６項に規定する代表する税務代理人を定めた場合は当該代表する税務代理人）に対して調査通知を行った時点から、通則法第65条第５項の規定は適用されない。

(2) 調査通知を行った場合において、調査通知後に修正申告書が提出されたときは、当該調査通知に係る調査について、実地の調査が行われたかどうかにかかわらず、通則法第65条第５項の規定の適用はない。

(3) 調査通知後の修正申告書の提出が、次に掲げる場合には、調査通知がある前に行われたものとして取り扱う。

① 当該調査通知に係る調査について、通則法第74条の11第１項の通知をした後又は同条第２項の調査結果の内容に基づき納税義務者から修正申告書が提出された後若しくは通則法第29条第１項に規定する更正若しくは通則法第32条第５項に規定する賦課決定をした後に修正申告書が提出された場合

② 納税義務者の事前の同意の上、同一連結事業年度の連結法人税の調査について、移転価格調査とそれ以外の部分の調査に区分する場合で、当該調査通知に係る調査の対象としなかった部分に係る修正申告書が提出された場合。

ただし、当該修正申告書に当該調査通知に係る調査の対象としている部分が含まれる場合には、当該調査通知に係る調査の対象としている部分は、調査通知がある前に行われたものとして取り扱わない。

③ 連結法人税の調査について、当該調査通知に係る調査の対象としなかった連結子法人に係る法人税法第81条の25《連結子法人の個別帰属額等の届出》の規定による個別帰属額の届出書に記載された内容に係る修正申告書が提出された場合。

ただし、当該修正申告書に当該個別帰属額の届出書に記載された内容に係る部分以外の部分が含まれる場合には、当該個別帰属額の届出書に記載された内容に係る部分以外の部分は、調査通知がある前に行われたものとして取り扱わない。

④ 事前確認（平成17年４月28日付査調７－４ほか３課共同「連結法人に係る移

転価格事務運営要領の制定について」（事務運営指針）又は平成28年6月28日付査調7－2ほか3課共同「連結法人の国外事業所等帰属所得に係る連結所得に関する調査等に係る事務運営要領の制定について」（事務運営指針）に定める事前確認をいう。）の内容に適合させるための修正申告書が提出された場合。
　ただし、当該修正申告書に当該事前確認の内容に適合させるための部分以外の部分が含まれる場合には、当該事前確認の内容に適合させるための部分以外の部分は、調査通知がある前に行われたものとして取り扱わない。
⑤　当該修正申告書が、例えば、消費税及び地方消費税について更正の請求に基づく減額更正が行われたことに伴い提出された場合。
　ただし、当該修正申告書に当該減額更正に係る部分以外の部分が含まれる場合には、当該減額更正に係る部分以外の部分は、調査通知がある前に行われたものとして取り扱わない。

第2　無申告加算税の取扱い
（期限内申告書の提出がなかったことについて正当な理由があると認められる事実）
1　通則法第66条の規定を適用する場合において、災害、交通・通信の途絶その他期限内に申告書を提出しなかったことについて真にやむを得ない事由があると認められたときは、期限内申告書の提出がなかったことについて正当な理由があるものとして取り扱う。
（期限後申告書等の提出が決定又は更正があるべきことを予知してされたと認められる場合）
2　第1の2の取扱いは、通則法第66条第1項、第6項又は第7項の規定を適用する場合において、期限後申告書又は修正申告書の提出が決定又は更正があるべきことを予知してされたものである場合の判定について準用する。
（調査通知に関する留意事項）
3　第1の3の取扱いは、調査通知を行う場合の通則法第66条第6項の規定の適用について準用する。
（無申告加算税を課す場合の留意事項）
4　通則法第66条の規定による無申告加算税を課す場合には、次のことに留意する。
⑴　申告書が期限後に提出され、その期限後に提出されたことについて通則法第66条第1項ただし書に規定する正当な理由があると認められた場合又は同条第7項の規定の適用があった場合において、当該申告について、更に修正申告書の提出があり、又は更正があったときは、当該修正申告又は更正により納付することと

なる税額については無申告加算税を課さないで通則法第65条の規定による過少申告加算税を課す。

(2) 通則法第66条第5項において準用する通則法第65条第4項第1号に定める正当な理由があると認められる事実は、第1の1に定めるような事実とする。

(3) 通則法第119条第4項の規定により無申告加算税又は重加算税の全額が切り捨てられた場合には、通則法第66条第4項に規定する「無申告加算税（……）又は重加算税（……）を課されたことがあるとき」に該当しない。

(4) 通則法第66条第4項の規定の適用上、連結法人の行為に基因する同項に規定する無申告加算税等（以下(4)において「無申告加算税等」という。）は、連結親法人が課されたことがあるものとして取り扱う。

また、連結親法人の連結納税を適用する前の各事業年度の法人税について無申告加算税等を課された場合であっても、無申告加算税等が課されたことがあるものとして取り扱う。

(注) 連結法人（連結親法人を除く。）の連結納税を適用する前の各事業年度の法人税について無申告加算税等を課されていたとしても、当該連結親法人について無申告加算税等を課されたことがあるときには該当しない。

第3　過少申告加算税額等の計算

（累積増差税額等に含まれない税額）

1　通則法第65条第3項第1号に規定する累積増差税額には、同条第5項の規定の適用がある修正申告書の提出により納付すべき税額は含まれないものとし、通則法第66条第3項に規定する累積納付税額には、同条第6項の規定の適用がある期限後申告書又は修正申告書の提出により納付すべき税額は含まれないものとする。

(注) 通則法第65条第5項の規定の適用がある修正申告書又は通則法第66条第6項の規定の適用がある期限後申告書若しくは修正申告書において、第1の3(3)の取扱いによって、調査通知がある前に行われたものとして取り扱われないものが含まれる場合は、これに対応する納付すべき税額は、それぞれ通則法第65条第3項第1号に規定する累積増差税額又は通則法第66条第3項に規定する累積納付税額に含まれることに留意する。

（過少申告加算税又は無申告加算税の計算の基礎となる税額の計算方法）

2　過少申告加算税又は無申告加算税の計算の基礎となる税額を計算する場合において、通則法第65条第4項第1号（通則法第66条第5項において準用する場合を含む。）の規定により控除すべきものとして国税通則法施行令第27条第1項第1号に規定す

る正当な理由があると認められる事実(以下「正当事実」という。)のみに基づいて更正、決定、修正申告又は期限後申告(以下「更正等」という。)があったものとした場合の税額の基礎となる連結所得金額は、その更正等があった後の連結所得金額から正当事実に基づかない部分の連結所得金額(以下「過少対象連結所得」という。)を控除して計算する。

(過少対象連結所得の計算)

3　過少対象連結所得は、正当事実以外の事実に基づく益金の額及び損金の額を基礎として計算する。

(修正申告書又は期限後申告書の提出が調査通知後に行われた場合の留意事項)

4　第1の3(3)②から⑤までのただし書の取扱い(第2の3において準用する場合を含む。)を行う場合において、過少申告加算税又は無申告加算税の計算の基礎となる税額を計算するときは、次の点に留意する。

(1)　通則法第65条第1項に規定する過少申告加算税の計算の基礎となる税額を計算する場合には、過少対象連結所得から第1の3(3)②から⑤までのただし書の調査通知がある前に行われたものとして取り扱う部分の連結所得金額を控除して計算する。

(2)　通則法第66条第1項に規定する無申告加算税の計算の基礎となる税額を計算する場合には、過少対象連結所得から第1の3(3)②から⑤までのただし書の調査通知がある前に行われたものとして取り扱う部分の連結所得金額を控除して計算する。

(注)　第2の3により準用される第1の3(3)②から⑤までのただし書の調査通知がある前に行われたものとして取り扱う部分には通則法第66条第6項の規定が適用される。

(重加算税について少額不徴収に該当する場合の過少対象連結所得金額の計算)

5　通則法第119条第4項の規定により重加算税を課さない場合には、その課さない部分に対応する連結所得金額は、過少対象連結所得に含まれないのであるから留意する。

(国税庁ホームページより)

参考文献等一覧

志場喜徳郎ほか「国税通則法精解(平成28年改訂)」 大蔵財務協会
酒井克彦「『正当な理由』をめぐる認定判断と税務解釈」 清文社
品川芳宣「附帯税の事例研究 第四版」 財経詳報社
酒井克彦「附帯税の理論と実務」 ぎょうせい
品川芳宣「国税通則法の理論と実務」ぎょうせい
新村　出「広辞苑(第6版)」岩波書店
金子　宏「租税法(第19版)」弘文堂
碓井光明「重加算税賦課の構造　税理22巻12号」ぎょうせい
松沢　智「附帯債務—附帯税　租税法講座〔2〕租税実体法」ぎょうせい

著者略歴

谷口勝司（たにぐち・かつじ）

国税庁法人課税課課長補佐、津島税務署長、名古屋国税局法人課税課長、同局人事第一課長、浜松西税務署長、同局調査部長を経て、2015年税理士登録。

奥田芳彦（おくだ・よしひこ）

国税庁法人課税課課長補佐、小倉税務署副署長、国税不服審判所国税審判官、税務大学校専門教育部教授、鹿屋税務署長、東京国税不服審判所第四部部長審判官、高松国税不服審判所長を経て、2018年税理士登録。

詳解 加算税　通達と実務
しょうかい か さんぜい　つうたつ じつむ

2019年6月25日　発行

著　者　谷口 勝司／奥田 芳彦　ⓒ
　　　　たにぐち かつじ　おくだ よしひこ

発行者　小泉 定裕

発行所　株式会社 清文社
　　　　東京都千代田区内神田1-6-6（MIFビル）
　　　　〒101-0047　電話 03(6273)7946　FAX 03(3518)0299
　　　　大阪市北区天神橋2丁目北2-6（大和南森町ビル）
　　　　〒530-0041　電話 06(6135)4050　FAX 06(6135)4059
　　　　URL http://www.skattsei.co.jp/

印刷・製本　株式会社 太洋社

■著作権法により無断複写複製は禁止されています。落丁本・乱丁本はお取り替えします。
■本書の内容に関するお問い合わせは編集部までFAX（06-6135-4056）でお願します。
■本書の追録情報等は、当社ホームページ（http://www.skattsei.co.jp）をご覧ください。

ISBN978-4-433-61539-0

清文社デジタルコンテンツのご案内

データベース税務問答集 税navi zei-navigation

年間利用料　18,000円+税

各税目の実務取扱いを解説した税務問答集の内容すべてをデータベース化。横断的な検索機能、読みやすいレイアウトでの表示や印刷機能を備えたオンラインツール。

収録書籍
- ○法人税事例選集
- ○減価償却実務問答集
- ○所得税実務問答集
- ○源泉所得税の実務
- ○消費税実務問答集
- ○資産税実務問答集
- ○個人の税務相談事例500選
- ○印紙税ハンドブック

税navi Plus

年間利用料　32,000円+税

- 「データベース税務問答集"税navi"」
- 「Digital book 税制改正 Archives」
- 「Web版　税務手引書フルセット」
- 「Profession Journal」（(株)プロフェッションネットワーク運営）

4つのデジタルコンテンツを組み合わせたセット商品。
専用画面から1度のログインで4つのサービスに直結。

Web版 税務手引書フルセット

年間利用料　9,600円+税

各税目に関する法律・政令・省令及び通達を体系的に整理収録した税務手引書の内容すべてを電子化し、便利な検索機能を付加。

収録書籍
- ○法人税の決算調整と申告の手引
- ○源泉所得税取扱いの手引
- ○申告所得税取扱いの手引
- ○消費税の取扱いと申告の手引
- ○資産税の取扱いと申告の手引
- ○相続税・贈与税取扱いの手引
- ○地方税取扱いの手引

詳細は清文社HPへ → http://www.skattsei.co.jp